엔크리스토 제자양육 성경공부 1 - 전도과정

이대희 지음 | 바이블미션 편

복음소개

-비전 품기

KB206269

엔크리스토
ENCHRISTO

말씀으로 삶을 변화시키는
한국형 제자양육 교재

혼탁한 시대일수록 확고한 제자의식과 말씀이 생활 속에 나타나도록 하는 훈련이 필요합니다.

많은 성경공부 교재들이 나와 있지만 자아의식을 높이고 말씀을 연구하며 묵상하고 실천하며 생활이 변화되도록 하는 양육교재는 그리 많지 않습니다.

귀납적 방법과 이야기대화식 방법을 적용한 엔크리스토 제자양육 성경공부는 한국 상황에 맞는 성경공부 교재입니다. 일대일과 소그룹을 통하여 스스로 공부할 수 있도록 하고 말씀 속으로 깊게 들어가게 하는 점에서 매우 흥미 있는 교재입니다. 또 말씀을 삶의 실천까지 이끄는 특징을 가지고 있는 전인적 양육교재입니다. 교사나 지도자에게만 의지하지 않고 스스로 성경을 배우고 조용히 은혜의 말씀 속에 잠겨 보면서 말씀의 능력을 경험할 수 있으리라 여겨집니다.

한국 교회는 말씀의 생활화를 위해 크게 힘써야 할 새로운 시대를 맞이하고 있습니다. 이 성경공부 교재가 성령의 인도하심 가운데 그리스도인 한 사람 한 사람을 제자의 삶으로 변화시키기를 소원합니다. 그리하여 한국 교회가 말씀으로 성장하며 아울러 사회와 민족이 말씀으로 새롭게 변화되는 데 귀하게 쓰이기를 기도합니다.

장로회신학대학교 대학원장, 명예교수

주선애

말씀을 통한 자연스러운
사람의 성장을 꿈꾸며

포스트모던 시대에 접어든 현대 사회는 하루가 다르게 급변하고 있습니다. 무엇보다도 물질주의, 이기주의로 인하여 인간의 존엄성이 사라지고 있고 세속화, 비인간화가 교회까지 침투하여 교회가 점차 위기를 맞고 있습니다. 우리는 날이 갈수록 무엇이 진리인지 알 수 없는 애매모호한 시대 속에서 살고 있습니다.

최후의 보루인 교회마저도 한 사람의 가치보다는 보이는 건물과 물질에 끌려가고 있는 실정입니다. 이렇게 된 요인은 절대적인 진리인 성경에서 멀어졌기 때문입니다. 우리 주위를 보면 사람과 교회가 말씀의 성장보다는 세상적인 유행이나 인위적이고 물질적인 성장의 흐름이 주도하고 있는 듯합니다. 지금 교회와 그리스도인은 내부에서 성장의 힘을 찾기보다는 외부에서 성장의 힘을 찾으려는 유혹에 직면해 있습니다.

교회는 인간의 경험과 생각이 아니라 말씀이 이끌어가야 합니다. 교회의 목적은 말씀을 생활화하는 것입니다. 그러면 자연히 교회는 성장하고 부흥하며 사회에서 영향력을 끼칠 수 있을 것입니다. 과정을 무시하고 빠른 속도로 이끌어 내는 인위적인 성장보다는 조금 느리더라도 과정을 거치면서 자연스럽게 유기적 성장의 모습을 추구하는 것이 모든 교회의 소망입니다. 성령의 역사로 교회가 자라가고 흥왕한다면 세상 사람들에게 칭찬 받는 능력의 교회가 될 것입니다.

이것을 위해서 각 그리스도인들에게 말씀의 생명력을 불어넣는 일이 중요합니다. 이런 지속적인 과정을 통하여 점차 구원 받는 자가 날마다 늘어나는 기적의 역사가 한국 교회 속에 일어나기를 소원합니다. 일시적인 성공 프로그램이 아닌 말씀을 통한 교회 성장을 꿈꾸어 봅니다.

본 양육교재는 "엔크리스토 성경공부" 라는 이름으로 한국교회에 소개되어 많은 사람들에게 사랑을 받았던 교재를 기초한 성경교재입니다. "엔크리스토 성경공부"는 20여 년 전, 마땅한 한국적 성경 교재가 없었던 시기에 젊은이와 청년들을 변화시켰던 성경교재입니다. 필자는 말씀을 통해 변화되는 사람들을 보면서 말씀의 힘이 얼마나 위대한지를 직접 경험했고, 그것이 지난 20여 년 동안 성경공부 교재 집필과 말씀을 전하고 가르치는 사역을 어려운 가운데서도 지속적으로 하게 된 원동력이 되었습니다. 지금도 필자는 이 성경교재로 은혜를 받고 성장한 사람들의 이야기들을 종종 접하고 있습니다. 20여 년이 지난 지금, 말씀을 통해 생명의 역사를 일으켰던 그 정신과 힘을 계속 이어간다는 의미에서 이번에 새롭게 내용을 구성하고 보완하여 한국교회 토양에 적합한 제자양육 성경공부 교재를 두려운 마음으로 다시 내놓게 되었습니다.

"성경으로 돌아가자"는 구호는 지금 한국교회에 아주 적합한 말입니다. 이런 저런 프로그램과 내용으로 사람과 교회를 변화시키려 하지만 결국은 성경밖에 없다는 결론에 이르게 됩니다. 사람마다 시기의 차이만 있을 뿐 결국 우리 모두가 이르게 될 종착점은 성경입니다. 시대와 상황에 상관없이 성경공부를 통한 제자양육은 아무리 강조해도 지나치지 않습니다. 성경공부는 단순히 책을 배우는 지식공부가 아닙니다. 말씀이신 하나님과 말씀이 육신이 되신 예수님과 오늘도 진리로 인도하시는 성령님을 체험으로 알아가는 전인적인 하나님 공부입니다.

2000년 전 초대교회는 전적으로 말씀의 힘을 받아 부흥했습니다. 100여 년 전에

불었던 한국교회의 부흥의 역사도 말씀을 통한 부흥이었습니다. 지금의 한국교회는 잠깐 유행하는 프로그램에 이리저리 끌려다녀 시간을 소비하기보다는 성경에 더욱 충실해야 할 것입니다. 아무쪼록 이 양육교재가 그런 일에 조금이라도 보탬이 되기를 소원합니다. 다음 세대에 물려줄 것은 오직 말씀뿐입니다. 이 교재를 통해 성경으로 돌아가며 각자 말씀의 위대한 능력을 경험하는 일이 한국교회에 새롭게 일어나기를 기도합니다. 이런 말씀의 부흥은 시대와 상관없이 다음 세대에도 계속 이어질 것입니다.

지금까지 20여 년 동안 필자와 함께 일대일과 소그룹, 다양한 교회현장에서 말씀을 나누었던 이름을 기억할 수 없는 수많은 사람들, 각자 주어진 현장에서 주님의 제자로 살아가고 있을 사람들, 말씀을 함께 나누면서 마냥 행복해했던 많은 형제와 자매들, 성도들, 학생들에게 감사드립니다. 이들은 지금까지 저에게 힘을 부어 주었던 너무나 소중한 사람들입니다. 이 자리를 빌어 감사의 인사를 전합니다. 특히 외로운 말씀의 길로 달려가는 데 늘 위로와 격려, 기도로 힘을 더해 준 착한 아내 채금령 님에게, 그리고 아버지의 일을 이해하고 잘 따라준 샘과 기쁨에게도 고마움을 전합니다. 그동안 말씀의 길을 가도록 멘토로 한결같이 이끌어 주신 은사 주선애 교수님과 어려운 가운데서도 말씀의 소중함을 가지고 한국교회의 말씀 사역을 위해 지원과 힘을 더해주시고 있는 엔크리스토 박종태 사장님에게 깊은 감사를 드립니다.

오직 하나님께 영광을 올리면서

저자 **이대희**

유기적 교회 섬김 조직표

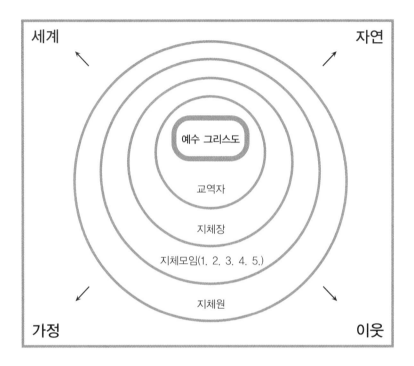

세계

자연

예수 그리스도

교역자

지체장

지체모임(1. 2. 3. 4. 5.)

지체원

가정

이웃

- 엔크리스토 제자양육 조직은 상하명령식인 라인조직이 아닌 상호 유기적인 교제가 이루어지는 원형 조직입니다. 머리되신 예수 그리스도를 중심으로 모두가 그리스도의 몸된 공동체를 이루는 교회 모습을 지향합니다. 유기적인 원형조직에서는 머리이신 예수 그리스도 이외는 높고 낮음이 없이 모두 평등합니다. 모두가 그리스도 안에서 만인 제사장입니다. 그러나 그리스도의 몸 안에서 분량에 맞는 역할과 책임이 있다는 면에서 서로 다릅니다.
- 그리스도, 교역자, 지체장, 지체모임, 지체원은 각자 분리된 것이 아니라 서로 긴밀히 연결된 유기적 관계이며 하나의 생명체입니다. 개인이 아닌 몸된 교회입니다. 세상으로 나갈 때는 각 개인(지체들)으로 가정, 이웃, 세계, 자연 속에서 사명을 감당하지만 결과적으로는 몸된 교회로서 움직이는 것입니다. 교회와 지체와 나는 분리될 수 없는 하나입니다. 교회의 영광이 곧 나의 영광이며 나의 영광이 곧 교회의 영광인 하나된 구조입니다.

그리스도와 공동체가 맺은 공동체 약속

　나는 예수 그리스도가 나의 구주되시며, 주님은 나에게 힘을 주시는 분인 줄 믿습니다.
　나는 주님의 제자가 되는 제자양육 과정을 통하여 주님이 원하시는 충실한 제자가 될 줄 기대하며 믿습니다.

　나는 하나님의 말씀을 배우면서 주님을 닮은 자가 되기 위하여 다음에 대한 것을 성실히 지킬 것을 주님과 지체원들에게 약속합니다.

1. 시간을 꼭 지키며 모임에 빠지지 않도록 합니다.
   (불가피할 경우 사전에 연락하며 보충을 받도록 합니다)
2. 이 과정을 마칠 때까지 모임과 지체원들을 위하여 일주일에 한번 이상 기도합니다.
3. 이 과정을 성실히 마치도록 돕는 기도후원자를 둡니다.
   (기도후원자 이름:　　　　　　　　관계:　　　　　　　)
4. 매과의 해당 성경본문을 3번 이상 읽고 교재를 준비해 옵니다.

200　　　,　　　,

이름:

서명:

교 재 특 징

　엔크리스토 제자양육 성경공부는 하나님의 말씀을 통해 그리스도의 제자로 양육하는 특징을 가지고 있습니다. 어느 한부분이 아닌 전인적인 측면에서 제자를 양육하는 한국토양에 맞는 제자양육 과정입니다.

특징

1. 교회와 생활을 변화시키는 새로운 패러다임의 통합형 전인 제자양육 과정입니다

　복음 소개와 전도, 일대일 양육, 말씀공부, 영성훈련의 4가지 과정을 하나로 통합한 제자양육 과정으로 기존의 성경공부 중심으로만 되어 있는 제자과정을 뛰어넘는 새로운 형태의 통합형 전인적 제자양육입니다.

2. 제자양육의 핵심인 성경공부는 본문을 중심으로 한 귀납적 성경공부와 이야기대화식 성경공부를 통합한 성경공부입니다

　기본적으로 관찰, 해석, 적용의 과정을 거치면서 실천에 이르게 하는 특징을 가지고 있습니다. 또한 이야기와 대화식을 통하여 생동감 있는 말씀으로 생활에 적용하는 가장 효과적인 성경공부 방법을 사용하고 있습니다.

3. 제자양육을 위한 소그룹과 나눔을 사용한 제자 양육과정입니다

　일방적인 주입식 공부가 아니라 소그룹에서 서로 나눔을 통하여 말씀의 깊이를 알아가며 그것을 생활에 적용하는 제자양육 과정입니다.

4. 양육의 핵심은 성경공부를 중심으로 하되 이것을 실천하는 영성훈련 과정을 통해 전인적이고 실제적인 제자양육을 하는 과정입니다

영성훈련의 과정은 일회적이 아닌 지속적으로 반복하여 훈련할 수 있게 구성했으며 실제적으로 활용할 수 있는 방법들을 제시했습니다.

5. 신앙의 기초와 뼈대와 성장과 열매를 맺는 생명의 과정으로 자연스럽게 복음과 말씀을 만나 주님을 닮아가는 제자양육 과정입니다

생명체인 식물처럼 자연스러운 신앙과 유기적인 교회 성장을 기할 수 있도록 구성이 되었습니다. 교재 내용을 그대로 따라서 과정을 이수하다 보면 자연스럽게 생활에 익숙해지는 양육의 특징을 가지고 있습니다.

6. 제자로서 꼭 알아야 할 가장 중요한 신앙의 핵심과 뼈대를 중심으로 구성되었습니다

주님의 칭찬을 받는 제자와 신앙이 자라기 위해서 꼭 필요한 영양분과 같은 내용으로 구성되었습니다. 신앙의 핵심을 이해하면서 신앙의 기초를 든든히 하며 신앙 성장을 이룰 수 있습니다.

구성

제자양육을 만드는 전체과정은 크게 네 가지 과정으로 구성이 되었습니다.

1. 복음소개-비전 품기-전도 과정(1권)
2. 일대일 양육-토양 가꾸기-기초과정(2권)
3. 말씀양육-뼈대와 성장과 열매 맺기-양육과정(3-6권)
4. 영성훈련-거름주기-영성과정(7권)

교 재   구 성

　소그룹 속에서 행해지는 각과 성경공부 과정은 크게 다섯 단계를 염두에 두고 구성되었습니다.

- **도입-마음 열기**
  1단계-솔직하고 겸손한 마음을 가지라
- **말씀의 살핌-말씀을 듣고 받기── 관찰**
  2단계-말씀을 들으라
  3단계-나의 말씀으로 받으라

- **말씀의 깨달음-말씀을 깨닫기── 해석**
  4단계-말씀의 의미를 깨달으라

- **말씀의 적용-말씀을 적용하기── 적용**
  5단계-깨달은 말씀을 적용하라

- **실천을 위한 묵상-실천과 결단 하기── 실천**
  6단계-적용된 말씀을 삶에서 실천하라
  인내하면서 나가면 때가 되면 30배, 60배, 100배 열매를 맺는다.

　복음과 만남과 일대일 양육 과정은 처음 제자훈련할 때 시행할 수 있는 **일회 과정**입니다. 그러나 영성훈련은 **평생 과정**입니다. 상황에 따라 이 부분을 현장에서 적절하게 사용하면 큰 유익이 될 것입니다.

1. 본 제자양육 성경공부는 주로 귀납적 방법과 이야기대화식 방법을 사용함으로 필자의 책을 참조하여 미리 이해하면 유익합니다(이야기대화식 성경연구(엔크리스토 刊)).

2. 본 제자양육은 설교식이나 일방적 강의가 아니라 함께 토의를 하면서 해답을 찾아가는 것이며 오늘 주시는 하나님의 음성을 듣는 것입니다.

가능하면 미리 해답을 말하기보다는 점차 밝혀지는 방향으로 나아가야 합니다.

3. 본 제자양육 성경공부는 전인적인 삶에 목표를 두면서 머리와 가슴과 발과 손을 통합한 전인적인 의미에서 제자양육입니다.

4. "영성훈련" 과정은 수시로 사용할 수 있고 과정 중에 사용할 수도 있습니다. 영성훈련은 서로 도와주고 이끌어 주면서 생활 속에서 훈련해야 합니다. 이것은 제자양육이 자칫 성경공부로만 그치는 것을 극복하게 합니다.

이런 영성훈련 과정을 통하여 성경을 구체적으로 적용하는 능력이 생기게 됩니다. 그러므로 이것은 맨 마지막 과정에 사용하기보다는 중간 중간 필요한 상황에 따라 수시로 사용하는 게 좋습니다. 또한 과제 등으로 내줄 수 있습니다.

5. 본 제자양육 과정을 공부하기 위해서는 한 그룹을 "○○지체"라 부르고 구성원은 "○○지체원" 전체를 "○○ 교회공동체"라 부릅니다. 모임을 총괄하는 사람은 "지체장", 성경과 양육을 담당하는 사람은 "교사"라고 부릅니다. 지체장은 전체적인 내용, 즉 봉사와 모임과 지체들과의 관계 등을 채워주고, 교사는 그날 주어진 말씀과 신앙생활을 주로 가르칩니다. 기존의 소그룹을 그리스도의 몸의 측면에서 이해하는 유기적인 조직으로서 오가닉 교회의 모습입니다.

엔크리스토 제자양육과정 전체요목

1 복음소개 | 비전 품기-전도 |

1. 행복찾기―인생의 보물, 그것을 찾아라!
2. 인생진단―인간, 무엇이 문제인가?
3. 문제해결―예수님, 완전한 해답이다!
4. 복음생활―행복한 삶, 이제 시작되었다!

2 일대일 양육 | 토양 가꾸기-기초 |

1 제자와 일대일 양육
2. 구원의 확신
3. 구원 이후
4. 로드십(Lordship)
5. 성경
6. 기도
7. 교제
8. 전도
9. 시험
10. 성령충만
11. 제자

엔크리스토 제자양육과정표

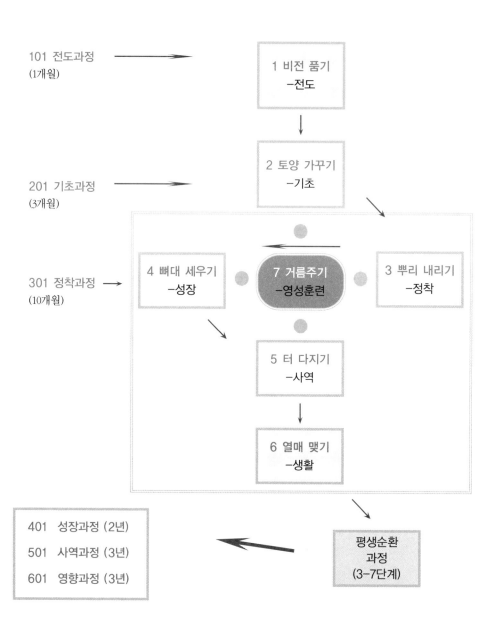

101 전도과정
(1개월)

201 기초과정
(3개월)

301 정착과정
(10개월)

1 비전 품기
−전도

2 토양 가꾸기
−기초

4 뼈대 세우기
−성장

7 거름주기
−영성훈련

3 뿌리 내리기
−정착

5 터 다지기
−사역

6 열매 맺기
−생활

401 성장과정 (2년)

501 사역과정 (3년)

601 영향과정 (3년)

평생순환
과정
(3−7단계)

차례

들어가면서

'복음소개'는 예수님을 처음 영접한 사람들이(예수를 믿기 원하는 사람들에게는 복음을 소개하는 시간입니다) 다시 한번 예수님에 대한 신앙을 점검하면서 확신하는 과정입니다. 이 책은 신앙의 핵심인 복음의 내용을 네 번에 걸쳐 소개하고 있습니다. 이 과정은 믿음의 첫 단계로서, 복음을 듣고 믿으면서 복음의 삶을 살아가는 것이 무엇인지 배우게 됩니다. 이 복음은 예수 그리스도를 의미합니다. 이것은 우리 신앙의 DNA와 같은 것으로 신앙의 시작부터 마지막까지 믿음을 결정하는 근원입니다. 모든 신앙은 복음이신 예수 그리스도를 떠나서 말할 수 없습니다. 우리의 믿음도 그 안에서 성장하고 발전합니다. 성장의 원천도 모두 이 복음 안에 있습니다. 복음은 신앙의 시작이면서 마침이기도 합니다. 복음이 빠진 신앙은 거짓 신앙입니다. 우리의 신앙이 살아 있는 신앙인지를 판가름 하는 것도 역시 복음입니다. 복음은 곧 생명입니다. 모든 것은 복음 안에 들어 있습니다. 신앙을 자라게 하는 근원인 복음을 받아들이고 잘 이해하는 것이 중요합니다.

우리는 신앙생활을 하기 전에 먼저 복음이 무엇인지 분명하게 이해하고 믿어야 합니다. 그렇지 못하면 계속 믿음이 흔들리고 잘못된 방향으로 갈 수 있습니다. 때문에 '복음소개'는 믿음생활을 막 시작한 초신자에게 절대 필요한 과정입니다.

또한 '복음소개'는 믿음의 비전을 품게 합니다. 우리 모두는 예수 그리스도를 가슴에 품고 그리스도가 지배하는 삶을 살아야 합니다.

이 과정을 잘 익히면 전도할 때도 도움이 됩니다. 이것은 곧 전도 훈련의 과정으로도 적용될 수 있습니다. '복음소개'의 교재 전개 방식은 핵심 성경 구절을 중심으로 구성되었습니다. 초신자는 아직 깊게 생각하는 능력이 부족하기에 성경을 찾아보면서 성경구절을 이해하고 그 구절을 통하여 복음을 이해하는 방향으로 이끌도록 했습니다. 과정을 진행할 때는 해당 성경을 읽고 확인하면서 빈칸을 채우는 방식으로 합니다. 빈칸은 주로 핵심내용을 채우도록 구성했습니다. 누구든지 단순한 복음을 말씀을 통하여 쉽게 만날 수 있는 강점이 있습니다. 잘 사용하면 크게 효과를 볼 수 있습니다. 제신된 해설을 도움 삼아 양육자가 적절하게 사용하면 좋습니다. 양육자가 미리 과제로 빈칸을 채워오게 하고 그것을 설명하는 방식도 가능합니다.

인생의 보물,
그것을 찾아라!

01

행복찾기

인생의 보물, 그것을 찾아라!

| 설문을 통한 오프닝 대화 |

마음을 여는 오프닝 시간입니다. 다음 설문에 따라 편안하게 답을 해가면서 나의 생각과 삶에 나타난 증상들과 고민을 살펴보십시오. 있는 그대로 진솔하게 답을 하면서 대화를 나누는 방식으로 진행합니다. 정답을 찾는 시간이 아닌 나를 점검해 보는 시간이기 때문에 설문에 대한 특별한 정답은 없습니다. 사람마다 생각하는 것과 마음이 다를 수 있기 때문입니다. 이 과정은 앞으로 인생의 보물을 찾기 위한 준비 작업입니다.

설문1 진실탐험 – 나의 인생에서 가장 중요한 것은?

"사람에게 가장 소중한 것은 과연 무엇일까?" 사람들은 나름대로 소중한 것을 갖고 살아갑니다. 사람은 언제나 소중한 것을 먼저 하게 되어 있습니다. 그런데 무엇이 소중한 것인지 잘 모르는 사람들이 많습니다. 우리 주위에는 별로 소중하지 않은 것을 붙잡고 사는 경우가 많습니다. 나에게 무엇이 가장 소중한지, 지금 갖고 있고 추구하는 것이 정말 나에게 가장 소중한 것인지 진지하게 생각해 보는 것이 인생에서 꼭 필요합니다.

질문1 다음은 보통 사람들이 인생을 살면서 가장 중요하게 생각하는 것들입니다.
다음 항목을 보고 나의 인생에서 무엇을 가장 소중하게 생각하는지 우선순위를 매겨 보십시오. 항목 외에 내가 중요하다고 생각되는 것이 있으면 말해 보십시오.

1. 돈(물질) (　)　　2. 휴식 (　)　　3. 사람 (　)
4. 행복 (　)　　5. 건강 (　)　　6. 명예 (　)
7. 힘 (　)　　8. 친구 (　)　　9. 가족 (　)
10. 일 (　)　　11. 꿈과 목표 (　)　　12. 사랑 (　)
13. 종교 (　)　　14. 자녀 (　)　　15. 직장 (　)
16. 성공 (　)　　17. 취미 (　)　　18. 이웃 (　)
19. 자신 (　)　　20. 음식 (　)　　21. 집 (　)

• 나의 추가사항 1. (　　　) 2. (　　　) 3. (　　　)

23

01

질문2 위에서 내가 우선적으로 정한 것 세 가지는 무엇인지 적어
    보십시오.

1. _____

2. _____

3. _____

질문3 위의 내용 중에 다음의 기준을 충족시키는 것이 있으면 선
    택해 보십시오.

• 기준1/ 영원히 계속된다.

• 기준2/ 눈에 보이지 않는다.

—해당되는 것은? (   )

질문4 지금 나는 인생에서 가장 소중한 것을 얻었습니까?
    내가 느낀 점을 말해 보십시오.

_____

_____

_____

> 사람은 자기가 가장 가치 있다고 생각하는 것에 인생을 바칩니다.
> 그리고 그것을 중심으로 자기의 인생은 움직입니다. 우리가 공부
> 하고 노력하고 수고하는 것도 결국 자기가 중요하다고 생각하는
> 그것을 얻기 위해서입니다. 내가 소중하게 생각하는 그것을 얻었
> 을 때 행복을 느끼게 됩니다.

가장 소중한 것

영국의 거부였던 피츠제럴드는 어느날 사랑하는 아내를 잃었습니다. 아내를 몹시도 사랑한 그는 몹시 상심했습니다. 그는 하나뿐인 열 살 갓 넘은 아들을 더욱 사랑하고 정성을 다해 돌보았습니다만 불행하게도 아들마저 병을 앓다가 죽고 말았습니다. 홀로 된 피츠제럴드는 그의 여생을 유명한 미술작품을 수집하며 그 슬픔을 달래려 노력했습니다. 결국 세월이 흘러 피츠제럴드도 병으로 죽음 앞에 놓이게 되었습니다.

그는 자기가 세상을 떠난 뒤에 어떻게 재산을 처분할 것인가를 유언으로 남겨 두었습니다. 그리고 그 유언에는 재산을 어떻게 처분할 것인가를 분명하게 밝혀 두었습니다. 그가 많은 돈을 들여 수집한 미술 소장품들을 경매에 붙이라는 지시가 그 유언서에 포함되어 있었습니다. 그가 수집한 귀한 소장품들은 양적으로도 대단한 것이었지만 참으로 고귀한 것들이 많았습니다. 그러므로 그의 소장품을 사려는 사람들은 가히 인산인해를 이루었습니다. 소장품들은 경매에 앞서서 누구나 열람할 수 있도록 전시실에 전시되어 있었습니다. 그곳에 전시된 소장품 중에는 별로 뛰어나지 않은 그림이 한 점 있었습니다. 그 작품은 '내 사랑하는 아들' 이란 제목의 작품으로서 지방의 한 무명 화가가 피츠제럴드의 외아들을 그린 볼품없는

25

그림이었습니다.

경매가 시작되자 제일 먼저 그 그림이 경매에 붙여졌습니다. 하지만 그 그림은 인기가 없어 아무도 응찰하려 하지 않았습니다. 그때 뒷자리에 앉아 있던 초라한 모습의 한 노인이 손을 들고 조용히 말했습니다.

"제가 그 그림을 사면 안 될까요?"

그는 피츠제럴드의 아들을 어릴 때부터 돌보았던 늙은 하인이었습니다. 그는 자신이 가진 돈을 모두 털어 그림을 샀습니다. 바로 그때 피츠제럴드의 유언을 집행하는 변호사가 경매를 중지시켰습니다. 그리고 큰 소리로 피츠제럴드의 유언장을 읽었습니다.

"누구든 내 아들의 그림을 사는 사람이 내 모든 소장품을 갖도록 해 주시오. 이 그림을 선택하는 사람은 내가 가장 소중히 여기는 것이 무엇인지 아는 사람임에 틀림없으므로 모든 것을 가질 충분한 자격이 있습니다."

여러분은 인생을 살면서 가장 소중한 것이 무엇이냐고 묻는 질문에 무엇이라 대답할 것입니까? 죽은 이후에도 가지고 갈 수 있는 소중한 것을 여러분은 가지고 있습니까? 내가 죽을 때 자녀에게 자신 있게 남겨줄 소중한 것은 무엇이라고 생각합니까?

설문2 인생점검 – 이런 때 나는 어떤 모습입니까?

한번쯤 자기가 누구인지 진솔하게 질문하면서 자기의 인생 방향을 점검해보는 것은 의미 있는 일입니다. 인생이 어디로 가고 있는지, 과연 올바른 방향으로 가고 있는지 인생의 네비게이션을 다시 살펴보면서 자신을 돌아보는 것은 의미 있는 일입니다. 나는 혹시 고장 난 인생의 네비게이션을 갖고 있지는 않은가요?

• 다음의 상황에서 나의 모습은 어떤지 각자 점검해 보십시오.

혼자 조용히 있을 때

"과연 나는 누구인가?"

"내가 이 세상에 존재하는 의미는 무엇인가?"

"앞으로 나의 미래는 어떻게 될 것인가?"

"내가 하는 이 일은 무슨 의미가 있는가?"

─위 내용을 솔직하게 자신에게 질문해 본 적이 있습니까? 있다면 그 대답은 무엇입니까?

열심히 추구하던 일을 이루었을 때(이루었다고 가정할 때)

─나는 어느 정도 행복할 것 같습니까?

─내가 행복하다면, 행복해하는 이유는 무엇입니까?

01

일이 뜻대로 되지 않았을 때

—자신에 대한 불만은 없었습니까? 있었다면 그것은 무엇입니까?

—실패한 이후에 좌절감은 느끼지 않았습니까?

—사람의 죽음 앞에서 나는 어떤 두려움을 느낍니까?

미래에 대해서 생각할 때

—어떤 것이 자신을 가장 불안하게 합니까?

—미래에 대한 막연한 불안감을 해결할 방도가 있다면 그것은 무엇입니까?

설문3 행복지수 – 나는 행복한 사람입니까?

사람은 행복을 추구하며 살아갑니다. 행복은 사람마다 다르게 나타납니다. 행복은 상대적입니다. 삶을 대하는 태도나 느끼는 정도에 따라 행복도 달라집니다. 인간은 누구든지 행복한 삶을 원합니다. 문제는 그 행복이 쉽게 다가오지 않는다는 데 있습니다. 또 세상에서 찾아오는 행복은 오랫동안 머무르지 않는 특징을 갖고 있습니다. 사람의 행복은 이상하게도 잡으면 잡을수록 더 멀리 가는 것을 봅니다. 왜 그럴까요? 나는 어떻게 하면 행복한 삶을 살 수 있을까요?

나의 삶 중에서 행복감을 느낄 때는 어느 때입니까?(어느 때일 것이라 생각합니까?)
해당되는 것에 대답해 보십시오.(우선순위별로 번호를 매겨 보세요)

  1. 안정된 경제생활과 건전한 정서생활을 할 때 (　　)
  2. 원만한 인간관계를 이룰 때 (　　)
  3. 건강을 소유하고 삶의 활력을 얻을 때 (　　)
  4. 마음의 평안을 얻을 때 (　　)
  5. 보람된 목표와 이상을 가졌을 때 (　　)
  6. 자신의 진정한 모습을 발견할 때 (　　)
  7. 자아실현의 만족감을 얻을 때 (　　)

나는 지금 인생을 어떻게 살고 있습니까? 해당되는 것에 표시를 해보세요.

01

1. 모든 일에 생산적이고 흥미진진하고 적극적인 인생을 추구하고 있다 (　　)

2. 매일매일의 순간마다 의미 있는 활동에 참여하고 있다 (　　)

3. 하루의 삶을 잘 조직되고 계획된 가운데 실천하고 있다 (　　)

4. 인생의 목표를 현실적으로 설정하되 이상은 높게 가지고 있다 (　　)

5. 인생을 대할 때 늘 긍정적 사고를 가지고 있다 (　　)

6. 사소한 문제에 대해 불필요한 걱정을 하지 않고 산다 (　　)

7. 지금 하고 있는 일이 재미있고 그 일에 몰두한다 (　　)

8. 사람을 진실하게 대하고 사랑과 온유로 대하면서 살아간다 (　　)

9. 받은 것보다 더 많이 주는 것에 익숙하다 (　　)

10. 현재 시간과 오늘 하루에 충실하면서 살아 간다 (　　)

11. 영원한 소망을 가지고 있기에 지금의 불편함에서 자유하는 편이다 (　　)

12. 당장 오늘 죽는다 해도 여한이 없이 행복하게 죽을 것 같다 (　　)

13. 하루의 시간을 산다는 것이 매순간 아름답고 그저 감사하다 (　　)

14. 보이는 것보다 보이지 않는 나만의 행복이 내 속에 있다 (　　)

15. 어떤 경우에도 나의 인생을 끝까지 지켜주고 승리하게 할 분에 대한 믿음을 갖고 산다 (　　)

16. 모든 사람이 나를 떠난다 해도 홀로 있어도 행복해지는 비

결을 갖고 있다 (   )

나의 전체적인 느낌은 무엇입니까?

_____

_____

_____

_____

_____

_____

_____

_____

_____

_____

_____

_____

_____

_____

_____

_____

01

행복 지수를 높여라

한국인의 행복 지수는 어느 정도 될까요? 영국 레스터 (Leicester) 대학의 심리학자인 에이드리언 화이트 교수가 자신 이 작성한 '세계 행복지도'에서 다음과 같이 밝혔습니다. 이 지도는 178개 국에 대한 자료와 유엔 및 세계보건기구(WHO) 등에서 나온 100건의 연구자료를 바탕으로 평균 수명과 1인당 국내총생산(GDP), 교육 등의 요소를 근거로 작성된 것입니 다. 이 지도에 따르면 덴마크가 행복 지수 1위 국가로 랭크됐 으며, 그 다음으로 스위스, 오스트리아, 아이슬랜드, 바하마, 핀란드, 스웨덴, 부탄, 브루나이, 캐나다 등이 뒤를 이었습니 다. 미국은 23위, 영국은 41위, 독일은 35위였으며, 아시아권 에서 중국은 82위, 일본은 90위였고, 한국은 이보다도 훨씬 낮 은 102위를 기록했습니다. 인도는 한국보다 낮은 125위에 랭 크됐고, 콩고민주공화국, 짐바브웨, 브룬디 등이 최하위권을 형성했습니다. 또 '1인당 GDP가 31,500달러에 달하는 일본의 행복 지수 순위가 90위인 반면 GDP가 겨우 1,400달러인 부탄 이 8위인 점'은 특기할 만합니다.

사람의 행복은 꼭 물질적인 것이나 GNP 수준에 따라 이루어 지는 것이 아님을 알 수 있습니다. 행복은 자신이 소중하다고 여기는 가치에 따라 결정되고 있음을 알 수 있습니다. 겉으로는 나보다 더 행복하게 보이는 사람이 실제는 나보다 덜 행복할 수 있습니다. 여러분은 지금 무엇으로 행복을 느낍니까? 여러분은 자기를 행복하게 하는 그것을 가지고 있습니까? 누구와 비교해도 부럽지 않고 어디를 가도 나를 행복하게 하는 그것을 소유하고 싶지 않으십니까?

행복찾기 – 인생의 해답을 찾았습니까?

"나도 행복하고 싶은데……", "나의 행복은 어디서 찾을 수 있을까?"

이것은 모든 사람이 갖는 소망입니다. 행복을 많이 말하지만 진정으로 행복한 사람은 그리 많지 않습니다. 사람은 모든 것을 다 가질 수 없습니다. 사람은 어느 하나만 가져도 행복해야 하는데 실제는 그렇지 않습니다. 특히 다른 사람과 비교할 때 이런 현상이 더 나타납니다. 사람의 마음이 욕심으로 가득하면 어느 것으로도 만족함이 없고 행복하지 못합니다. "어떻게 하면 일시적이 아닌 영원한 행복을 얻을 수 있을까요?"

"지금까지 살펴 본(1, 2, 3항목) 모든 것을 한 번에 충족할 수 있는 것은 없을까요?"

"하나만 얻으면 모든 것을 다 얻을 수 있다면 얼마나 좋을까요?"

"세상에 과연 그런 것이 있을까요?"

오늘 그 답을 알려 드리겠습니다.

01

해답은 바로 예수 그리스도입니다

"예수께서 가라사대 나는 길이요 진리요 생명이니 나로 말미암지 않고는 아버지께로 올 자가 없느니라"(요한복음 14:6).

"다른 이로서는 구원을 얻을 수 없나니 천하 인간에 구원을 얻을 만한 다른 이름을 우리에게 주신 일이 없음이니라"(사도행전 4:12).

인간이 누리고 싶은 모든 행복은 예수님으로부터 왔습니다. 그분을 얻으면 모든 것을 가진 것이 됩니다. 그러나 예수님을 얻지 못하면 세상의 모든 것을 다 얻어도 결국은 아무것도 얻지 못한 것이 됩니다.

행복의 근원은 예수 그리스도입니다. 그분은 모든 복의 근원이십니다. 뿌리를 찾으면 나무도, 잎사귀도, 열매도 모두 갖게 되듯이 예수님을 얻으면 모든 것을 다 얻는 것입니다. 이것이 인생 최고의 복음입니다. 모든 인간이 들어야 할 기쁜 소식입니다. 우리의 복음은 예수님입니다.

우리가 추구하는 것이 진정한 행복이 되기 위해서는 첫째, 영원히 계속되어야 합니다. 둘째, 우리에게 생명이 되어야 합니다. 셋째, 구체적으로 행복의 길로 이끌 수 있어야 합니다. 오직 예수님만이 우리에게 복음이 되는 절대적인 이유는 이런 조건들을 모두 충족시켰기 때문입니다. 세상의 어떤 행복도 이 조건을 충족시키지 못했습니다. 그런 행복들은 우리가 소유해야 하는 진정한 행복은 아닙니다.

인생에서 가장 행복한 일은 나의 마음에 행복의 근원인 예수님을
소유하는 것입니다. 인생의 행복은 예수님을 만나면서 시작됩니
다. 이것은 지금까지 찾았던 행복과는 비교할 수 없는 정말 가치
있는 소중한 것입니다. 지금까지 수많은 사람들이 복음이신 예
수님을 만나면서 행복했고 새롭게 변화되었습니다. 지금도 계속
이런 일이 일어나고 있습니다.

지금도 우리 주위에는 인생의 복음을 찾기 위해 이리저리 방황하
는 사람들이 많이 있습니다. 아직도 인생의 복음을 찾지 못한 분
이 있다면 오늘 복음을 소유하십시오. 영원토록 나와 함께 하는
이 복음으로 새롭게 인생을 시작하십시오.
복음이신 예수 그리스도를 목표로 나의 인생을 새롭게 정립하고
나간다면 앞으로 다가오는 미래에 놀라운 하나님의 은혜와 축복
이 펼쳐지게 될 것입니다.

행복을 주는 복음에 대해서
─내가 느낀 점과 결심을 말해 보십시오.

인간, 무엇이 문제인가?

인생진단

인간, 무엇이 문제인가?

마음열기

1. 사람들이 보통 겪고 있는 인생의 어려움은 어떤 것들인지 말해 보십시오.

_____

2. 나의 삶을 슬프게 하는 것들은 무엇인지 찾아보십시오.

_____

3. 왜 인간은 문제와 고난 속에서 방황하는 삶을 살아갑니까?

_____

우리 주위 사람들이 살아가는 모습을 보십시오. 인간은 태어난 순간 수고와 고통의 삶을 살아갑니다. 문제 없는 가정은 어디에도 없습니다. 사람마다 자기만의 고민과 어려움이 있습니다. 이 세상의 삶을 보면 갈등과 고난이 쉽지 않습니다. 세상에 문제 없는 곳은 없습니다. 인간의 삶이 왜 이렇게 고통스러워야 할까요? 기쁨이 가득 차야 할 인간의 삶에 슬픔과 고통과 한숨과 원망이 더 많은 것이 현실입니다. 사람들은 이 문제들을 여러 가지 방법으로 해결하려고 합니다.

예를 들면 많은 친구와 사람들을 사귀면서, 많은 재물을 통하여, 권력과 명예를 통하여, 건강과 여가의 삶을 통하여, 선한 행위와 봉사를 통하여, 수행과 지식을 깨닫는 방법을 통하여, 바쁘게 일을 하면서 등으로 문제를 해결하려 하지만 일시적일 뿐 여전히 인생의 수고와 고통의 문제는 숙제로 남습니다. 누구에게나 닥치는 죽음을 생각하면 갑자기 인생이 허무해집니다. 내가 하는 일조차 무의미합니다. 그렇다면 인생에게 진정 복음은 없는 것일까요? 이런 것들을 해결할 수 있는 방법은 없나요?

4. 인간이란 어떤 존재입니까? 나는 누구입니까?

말씀생각

인간에게 닥치는 여러 가지 문제점을 해결하기 위해서는 먼저 인간이 누구인지, 인간의 본래 모습과 오늘의 모습과 미래의 모습은 어떠한지 성경을 통해서 살펴보아야 합니다. 이것을 먼저 살펴볼 때 인간의 문제가 무엇이며 왜 이런 문제들이 발생했는지 이해될 것입니다.

I. 원래 인간의 모습 – 하나님의 형상을 닮은 사람

1. 인간의 신분 : 하나님의 대리자

"하나님이 (   ) 곧 하나님의 (   )대로 사람을 창조하시되 (   )와 (   )를 창조하시고 하나님이 그들에게 (   )을 주시며 그들에게 이르시되 (   )하고 (   )하여 땅에 (   )하라, 땅을 (   )하라, 바다의 고기와 공중의 새와 땅에 움직이는 모든 생물을 (   ) 하시니라"(창세기 1:27-28).

사람은 스스로 생기거나 우연히 태어난 것이 아닙니다. 사람은 하나님이 창조했습니다. 하나님은 인간을 창조하실 때 자기의 형상을 따라 만들었습니다. 동물과는 근본적으로 다른 창조입니다. 인간은 하나님의 생각과 마음을 품고 살도록 만들어진 존재입니다. 인간은 생육하고 번성하며 하나님을 대신하여 이 세상을 정복하고 다스리는 특권을 갖고 태어났습니다. 인간은 만물의 영장으로서 하나님의 뜻에 따라 이 우주를 잘 관리하고 다스리는 일을 하면서 살아가는 존재입니다.

2. 순종하는 삶 : 하나님을 의존해야 하는 존재

"여호와 하나님이 그 사람에게 (   )하여 가라사대 동산 각종 나무의 실과는 네가 임의로 먹되 (   )을 알게 하는 나무의 실과는 먹지 말라 네가 먹는 날에는 정녕 (   ) 하시니라" (창세기 2:16-17).

사람은 창조주가 아닌 피조물입니다. 사람은 하나님께 지음을 받은 존재이기 때문에 창조자이신 하나님을 의존해야만 살 수 있습니다. 나무가 땅에 뿌리를 내려야 살 수 있는 것처럼 사람은 창조주 하나님을 의존하고 살아야 합니다. 인간은 하나님 없이는 하루도 살 수 없습니다. 인간의 인간됨은 전적으로 하나님께 붙어 있을 때 드러납니다.

나무가 뿌리를 통하여 영양분을 매일 공급받고 살아가듯이 사람도 매일 하나님의 말씀을 듣고 순종하면서 살아야 합니다. 우주가 하나님의 말씀에 순종할 때 창조가 일어났듯이 사람도 하나님의 말씀을 듣고 순종할 때 새로운 창조의 역사가 일어납니다. 사람의 가장 큰 행복은 하나님의 말씀을 듣고 순종하는 데서 얻어집니다.

3. 책임지는 존재 : 자유의지를 가진 사람

"여호와 하나님이 그 사람에게 명하여 가라사대 동산 각종 나무의 실과는 네가 (   )로 먹되 선악을 알게 하는 나무의 실과는 (   ) 네가 (   )에는 정녕 (   ) 하시니라"(창세기 2:16-17).

사람은 하나님의 형상대로 창조되었고, 하나님은 인간에게 자유의지를 주셨습니다. 스스로 선택할 수 있는 능력을 하나님께로부터 부여받은 것입니다. 인간은 하나님께 순종하면서 살아가야 하는 존재이지만 그 순종은 전적으로 자발적인 행동을 의미합니다. 하나님은 우리의 행동을 강요하지 않습니다. 사람은 로봇과 같은 존재가 아니기 때문입니다.

02

하나님은 인간 스스로 선택하며 결정할 수 있는 능력을 주셨습니다. 인간에게 자유가 있다는 것은 책임이 뒤따르는 것을 의미합니다. 자기가 선택한 것에 대해서는 자기가 책임을 져야 합니다. 그것을 하나님에게 전가할 수 없습니다. 이것이 다른 동물과 다른 위대한 점입니다. 그러나 자유를 잘못 사용하면 그것에 따른 대가를 치르게 됩니다.

인간의 신분 : 하나님의 대리자	순종하는 삶: 하나님을 의존해야 하는 존재

책임지는 존재:
자유의지를 가진 사람

원래 인간의 모습

Ⅱ. 현재 인간의 모습 : 죄 값으로 죽음에 이르는 사람

1. 범죄한 인간 : 불순종

"뱀이 여자에게 이르되 너희가 결코 (　　) 아니하리라 너희가 그것을 먹는 날에는 너희 눈이 밝아 (　　)과 같이 되어 (　　)을 알줄을 하나님이 아심이니라 여자가 그 나무를 본즉 먹음직도

하고 보암직도 하고 지혜롭게 할 만큼 탐스럽기도 한 나무인지라 여자가 그 실과를 ( ) 자기와 함께한 남편에게도 주매 그도 (   )지라"(창세기 3:4-6).

"모든 사람이 ( )를 범하였으매 하나님의 (   )에 이르지 못하더니"(로마서 3:23).

하나님의 말씀에 순종하면서 살던 사람이 어느 날 사단(뱀)의 소리를 듣고 그것에 유혹되었습니다. 사람은 하나님의 말씀을 어기고 선악과를 먹음으로 결국 하나님께 불순종했습니다.
하나님의 말씀을 어기고 불순종하는 죄를 저지름으로 하나님과의 관계가 깨어졌습니다.
때문에 하나님의 말씀을 듣고 사는 존재가 아닌 자기 생각대로 사단의 말을 듣고 사는 존재로 뒤바뀌었습니다. 그렇게 태어난 모든 인류는 불순종하는 아담의 죄악된 속성을 본래 가지고 있습니다. 그런 이유로 사람들은 하나님의 말씀을 듣고 순종하기를 즐거워하기보다는 불순종하고 거부합니다. 이것은 모든 인간이 죄인임을 증거하는 실제적인 표징이기도 합니다. 하나님의 말씀을 듣기보다는 세상의 다른 소리에 익숙한 사람들 속에 나도 포함되어 있습니다.

2. 죄에 대한 책임 : 고통과 수고와 사망

"또 여자에게 이르시되 내가 네게 잉태하는 (   )을 크게 더하리니 네가 수고하고 자식을 낳을 것이며 너는 남편을 사모하고 남편은 너를 (   ) 것이니라 하시고 아담에게 이르시되 네가 네

아내의 (   )을 듣고 내가 너더러 먹지 말라한 나무 실과를 먹었은즉 땅은 너로 인하여 (   )를 받고 너는 종신토록 (   )하여야 그 소산을 먹으리라 땅이 네게 가시덤불과 (   )를 낼 것이라 너의 먹을 것은 밭의 채소인즉 네가 얼굴에 (   )이 흘러야 식물을 먹고 필경은 (   )으로 돌아가리니 그 속에서 네가 취함을 입었음이라 너는 흙이니 (   )으로 돌아갈 것이니라 하시니라"(창세기 3:16-19).

"죄의 삯은 (   )이요 하나님의 은사는 그리스도 예수 우리 주 안에 있는 영생이니라"(로마서 6:23).

"한번 (   ) 것은 사람에게 정하신 것이요 그 후에는 (   )이 있으리니(히브리서 9:27)

사람이 하나님의 말씀을 불순종함으로 하나님과의 관계가 깨어졌습니다. 죄는 말씀을 어김으로 일어났으며 그것은 관계가 깨지는 것을 의미합니다. 이렇게 하나님과의 관계가 깨짐으로 인간에게는 많은 불행이 생겼습니다. 이것은 마치 나무가 생명의 근원인 땅에서 뿌리가 뽑혀 시멘트 바닥에 던져진 것과 같습니다.

하나님을 떠난 인간에게 주어지는 가장 큰 죄의 값은 사망입니다. 물론 죽음에 이르기까지 인간은 이 세상에서도 고통과 수고를 하면서 살아야 하는 힘든 존재가 되었습니다. 우리가 사는 세상에 고통이 끊이지 않는 것은 바로 인간이 저지른 죄 때문입니다. 이것은 죄를 지은 인간에게 주어진 것으로 누구든지 감당해야 할 인간의 책임입니다. 자유의 특권을 잘못 사용한 결과입니다.

세 종류의 사망

1) 영의 사망 : 인간이 하나님의 형상대로 지음을 받았다는 것은 피조물 가운데 인간에게만 영이 있다는 것을 가리킵니다. 영의 사망은 참 생명의 근원이신 하나님과의 교제가 끊어진 상태를 의미합니다. 범죄한 인간은 더 이상 하나님께 가까이 갈 수 없고 영원한 생명에서 끊어져 하나님 없이 살아가는 불행한 존재가 되었습니다(롬 5:12; 엡 2:1). 우리 모두는 태어날 때 영적으로 죽은 상태에서 태어납니다. 이것은 하나님을 알지도 못하고 하나님을 믿으려고도 하지 않는 세상 사람들의 모습을 보면 잘 이해할 수 있습니다. 이런 사람은 육으로는 살았지만 영으로 죽었기 때문에 하나님에 대한 갈망이나 가까이 하고자 하는 마음이 없습니다.

이렇게 보면 모든 사람들은 날 때부터 죄인이며, 살면서도 계속 죄를 범하게 됩니다(롬 3:23).

2) 육적 사망 : 사람은 죄를 지었기 때문에 더 이상 영원히 살수 있는 존재가 아닙니다. 즉 사람은 육체적으로 한계를 지닌 유한한 존재가 되었습니다. 뿌리가 뽑힌 나무가 그 나무 속에 들어 있는 제한된 수분과 영양분이 존속될 때까지만 살고 죽는 것처럼 인간도 영생하지 못하고 육체적으로 죽을 수밖에 없게 되었습니다. 이런 이유로 인간은 120살 정도만 살게 되었습니다. 죄를 지은 인간의 육체는 온전하지 못하기에 수명을 다하면 죽게 됩니다.

3) 영원한 사망 : 둘째 사망이라고도 하는 영원한 사망은 영원토록 하나님과 단절되어 영원히 꺼지지 않는 불못(지옥)에 던져

02

져 고통을 당하는 것을 의미합니다. 이 심판은 세상 끝날에 있습니다. 우주적인 심판으로 과거와 현재, 미래의 인류 어느 누구도 피할 수 없는 마지막 심판을 말합니다. 지금 모든 사람은 이 날을 기다리면서 살아갑니다. 심지어 이미 죽은 사람도 이 날에 일어날 최종 심판을 기다리고 있습니다.

3. 죄의 결과 : 사단의 종

"죄를 짓는 자는 (   ) 속하나니 마귀는 처음부터 (   ) 함이니라"(요한일서 3:8).

"너희는 너희 아비 (   )에게서 났으니 너희 아비의 (   )을 너희도 행하고자 하느니라 저는 처음부터 (   ) 자요 (   )가 그 속에 없으므로 진리에 서지 못하고 (   )을 말할 때마다 제 것으로 말하나니 이는 저가 (   )이요 거짓의 (   )가 되었음이니라"(요한복음 8:44).

"너희의 허물과 죄로 (   )던 너희를 살리셨도다 그 때에 너희가 그 가운데서 행하여 이 세상 (   )을 좇고 공중의 (   )잡은 자를 따랐으니 곧 지금 불순종의 아들들 가운데서 역사하는 (   )이라"(에베소서 2:1-2).

"또한 저희가 마음에 (   )두기를 싫어하매 하나님께서 저희를 그 (   )마음대로 내어 버려두사 (   ) 못한 일을 하게 하셨으니 곧 모든 불의, 추악, (   ), 악의가 가득한 자요 (   ),(   ), 분쟁, 사기, 악독이 가득한 자요 (   )하는 자요 비방하는 자요 하나님의 미워하시는 자요 능욕하는 자요 (   )한 자요 자랑하는 자요 악을 도모하는 자요 (   )를 거역하는 자요 (   )한 자요 배약하는 자요 무정한 자요 무자비한 자라"(로마서 1:28-31).

죄를 지은 인간은 이제 하나님을 불순종하게 하는 사단의 종이 되어 합당치 못한 온갖 불의를 행하고 살아가게 되었습니다. 하나님의 뜻보다는 자기 욕심에 이끌려 육신을 즐겁게 하는 일에만 매달려 살아가는 상황이 되었기에 우리가 사는 세상이 이렇게 힘들게 되었습니다. 서로 속이고 죽이고 경쟁하며 남을 무너뜨리는 악한 세상이 되었습니다.

하나님과의 관계가 깨짐으로 인간과 자연과의 관계도 모두 깨졌습니다. 겉으로 보면 인간 스스로 죄를 저지르는 것 같지만 보이지 않게 사단에 사로잡혀 마귀의 일을 수행하는 하수인이 된 것입니다. 이런 사람은 결국에는 패망하게 되며, 하나님을 떠난 삶은 영원한 심판만이 남게 됩니다.

죄를 지으면 이런 일이 생긴다

1. 빛을 상실한다.(요일 1:6)
2. 기쁨을 상실한다.(시 51:12; 요일 1:4)
3. 평안을 상실한다.(요일 2:5)
4. 사랑을 상실한다.(요일 1:3, 6-7)
5. 자신감을 상실한다.(요일 3:19-22)
6. 건강이나 생명을 상실할 수도 있다.(고전 11:30)

죄를 지으면 이렇게 된다

1. 독사처럼 독이 있다.(시 140:3)

2. 들나귀처럼 고집스럽다.(욥 11:12)

3. 곰처럼 잔인하다.(단 7:5)

4. 자벌레(황충)처럼 파괴적이다.(욜 2:25)

5. 들개처럼 불결하다.(잠 26:11)

5. 여우처럼 간사하다.(눅 13:22)

6. 이리처럼 사납다.(요 10:12)

7. 사자처럼 삼킨다.(시 22:13)

8. 돼지처럼 더럽다.(벧후 2:22)

범죄한 인간 : **불순종**	죄에 대한 책임 : **고통과 수고와 사망**

↖ 현재 인간의 모습 ↗

↓

죄의 결과 : **사단의 종**

삶의 적용

1. 나는 자신에 대해서 어떻게 생각합니까?

_____

2. 오늘 말씀을 통해 깨달은 나의 생각과 교훈은 무엇입니까?

_____

예수님, 완전한 해답이다!

문제해결

예수님, 완전한 해답이다!

마음열기

인생은 해답을 찾아가는 과정이라 말할 수 있습니다. 많은 사람들이 모든 것을 만족시키는 궁극적인 해답을 찾고자 하나 그것이 쉽지 않습니다. 물질을 많이 가져보아도 만족을 얻지 못하고, 인기와 명예를 얻었어도 그것 역시 나에게 진정한 행복을 가져다주지 않습니다. 또 큰 권력을 얻고 성공을 이루면 무언가 만족할 것 같은데 실제는 인생의 해답이 되지 못합니다. 오히려 더 허탈하고 욕심에 사로잡혀 비참하게 인생 마지막을 장식할 수도 있습니다.

1. 나는 인생에 대해서 어떻게 행각합니까?

_____

2. 인생의 해답을 찾은 자와 그렇지 못한 사람의 차이점은 무엇입니까?

_____

말씀생각

Ⅰ. 인간이 생각한 해결책들 – 노력의 한계점

• 철학으로

"누가 (　　)과 헛된 (　　)로 너희를 노략할까 주의하라 이것이
사람의 유전과 세상의 (　　) 학문을 좇음이요 그리스도를 좇음
이 아니니라"(골로새서 2:8).

• 종교로

"(　　　) 이로서는 구원을 얻을 수 없나니 천하 인간에 구원을
얻을 만한 다른 이름을 우리에게 주신 일이 없음이니라"(사도행
전 4:12).

• 선행으로

"의인은 없나니 (　　)도 없으며……
다 치우며 한가지로 무익하게 되고 (　　)을 행하는 자는 없나니
하나도 없도다"(로마서 3:10, 12).

"내가 (　　) 중에 출생하였음이며 모친이 (　　) 중에 나를 잉태
하였나이다"(시편 51:5).

• 수행으로

"어떤 길은 사람의 보기에 바르나 필경은 (　　　)의 길이니라"
(잠언 14:12).

03

• 도덕과 율법으로

"율법의 행위로 그의 앞에 (   ) 하심을 얻을 육체가 없나니……"(로마서 3:20).

• 마음과 양심으로

"더럽고 믿지 아니하는 자들에게는 아무것도 깨끗한 것이 없고 오직 저희 (   )과 (   )이 더러운지라"(디도서 1:15).

"자기 양심이 (   ) 맞아서 외식함으로 거짓말하는 자들이라"(디모데전서 4:2).

"만물보다 (   )되고 심히 (   )한 것은 마음이라 누가 능히 이를 알리요마는"(예레미야 17:9).

사람은 자기에게 닥친 여러 가지 문제들을 하나님이 주신 지성이나 감성, 양심과 의지를 가지고 어떻게든지 스스로 해결해 보려고 노력합니다. 그러나 이미 우리 인간에게 있는 마음과 생각들은 죄로 더러워져 제 기능을 상실하고 말았습니다. 인간은 눈이 멀었고 귀가 어두워졌으며 혀는 더럽고 감정은 쾌락적이고 마음은 거짓되고 지성은 미련해졌습니다. 그것으로 하나님께 나간다는 것 자체가 불가능해졌습니다.

고장 난 기계처럼 하나님의 형상이 파괴되어 더 이상 본래 인간의 기능을 발휘할 수 없게 되었습니다. 인간이 노력을 하면 할수록 늪에 빠진 것처럼 더 힘든 상황이 됩니다. 인간은 이제 자기 스스로를 구원할 수 있는 힘이 없습니다. 이미 영으로 죽은 상태이기에 더 이상 하나님의 구원의 음성조차 들리지 않습니다. 그

럼에도 불구하고 사람들은 어떻게든 문제에서 벗어나기 위해 다양한 노력합니다. 그러나 인간 스스로 자신을 정화할 수 있는 길은 없습니다. 더러워진 그릇에 아무리 깨끗한 물을 붓는다고 해도 그릇의 물이 깨끗할 수 없듯이 말입니다. 언뜻 보기에는 조금 나아지는 것 같지만 잠시뿐 또 인간의 문제는 계속됩니다. 헛수고일 뿐입니다.

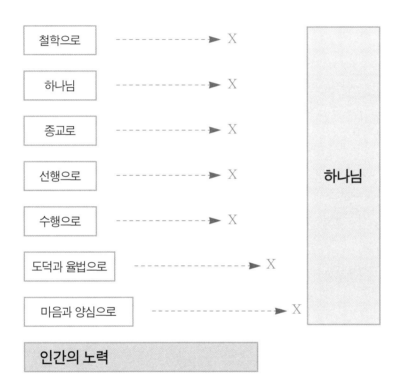

Ⅱ. 하나님의 구원계획 : 예수 그리스도

• 하나님의 사랑

"하나님이 세상을 이처럼 (   )하사 독생자를 주셨으니 이는 저

를 믿는 자마다 멸망치 않고 영생을 얻게 하려 하심이니라"(요한복음 3:16)

03

• 유일한 길

"( )이로서는 구원을 얻을 수 없나니 천하 인간에 구원을 얻을만한 ( ) 이름을 우리에게 주신 일이 없음이니라"(사도행전 4:12)

"예수께서 가라사대 내가 곧 ( )이요 진리요 생명이니 ( )로 말미암지 않고는 아버지께로 올 자가 없느니라"(요한복음 14:6)

• 죄없는 자

"우리에게 있는 대제사장은…… 모든 일에 우리와 한결 같이 시험을 받은 자로되 ( )는 없으시니라"(히브리서 4:15)

"하나님이 ( )를 알지도 못하신 자로 우리를 ( )하여 ( )를 삼으신 것은 우리로 하여금 저의 안에서 하나님의 ( )가 되게 하려 하심이니라"(고린도후서 5:21)

• 구원조건

"피 흘림이 없은즉 ( )함이 없느니라"(히브리서 9:22)

• 인간의 죄 담당

"친히 나무에 달려 그 몸으로 우리 ( )를 담당하셨으니 이는 우리로 ( )에 대하여 죽고 의에 대하여 살게 하려 하심이라

저가 채찍에 맞음으로 너희는 나음을 얻었나니"(베드로전서
2:24)

• 피흘려 죽으심

"이제 우리가 그 (   )를 인하여 의롭다 하심을 얻었은즉 더욱
그로 말미암아 (   )하심에서 구원을 얻을 것이니"(로마서 5:9)

• 인성과 신성. 십자가와 부활

"이 복음은 하나님이 선지자들로 말미암아 그의 아들에 관하여
성경에 미리 약속하신 것이라 이 아들로 말하면 (   )으로는
다윗의 혈통에서 나셨고 성결의 (   )으로는 죽은 가운데서 부활
하여 능력으로 하나님의 (   )로 인정되셨으니 곧 우리 주 예
수 그리스도시니라"(로마서 1:2-4)

• 사단패배

"하나님의 아들이 나타나신 것은 (   )의 일을 멸하려 하심이니
라"(요한일서 3:8)

• 사랑의 확증

"우리가 아직 죄인 되었을 때에 그리스도께서 우리를 위하여 죽
으심으로 하나님께서 우리에게 대한 자기의 (   )을 확증하셨
느니라"(로마서 5:8)

하나님은 사랑이십니다. 인간이 비록 하나님을 떠나 탕자처럼
지낸다 해도 하나님은 우리를 위해 다시 구원 받을 길을 제시해
놓으셨습니다. 인간을 그대로 멸망하게 하지 않았습니다. 인간

이 죄를 지음으로 자기 스스로 구원에 이를 수 없음을 아신 하나님은 친히 인간의 몸을 입고 내려오셔서(예수님) 인간을 위해 죽으셨습니다. 누군가 죄를 담당하지 않으면 인간의 죄는 해결될 수 없습니다. 죄인 된 인간을 위해 죽을 수 있는 분은 오직 죄가 없으신 하나님뿐이십니다. 또 인간의 죄가 탕감되기 위해서는 인간과 같은 몸을 입어야 했습니다. 그것이 마리아를 통한 성령의 잉태입니다. 이 땅에 오신 그분을 우리는 예수님이라고 말하지만 엄밀히 보면 그분은 인간을 만드신 창조주 하나님이십니다.

십자가에 죽으신 예수님의 사건은 하나님이 우리를 얼마나 사랑하시는지 보여주는 좋은 증거가 됩니다. 이 사실을 믿는 자는 누구든지 차별없이 구원을 받습니다. 도저히 일어날 수 없는 일이 일어났습니다. 그러나 꼭 일어나야 할 위대한 사건이었습니다. 창조주 하나님이 피조물 인간을 위해 친히 죽으시고 고통을 당하셨던 십자가 죽음 이야기는 세상 어느 사건 보다 더 중요한 사건이요 모든 인류가 꼭 들어야 할 복음입니다.

구원자의 자격 조건

1. 인간의 몸을 입어야 한다.
2. 아담의 후손이 아니어야 한다.
3. 죄가 없어야 한다.
4. 사단을 멸하고 사망을 해결해야 한다.
5. 하나님이어야 한다.

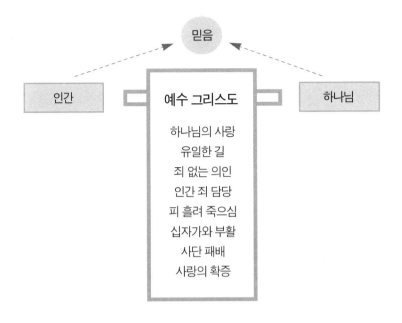

Ⅲ. 인간의 선택 - 영접

완전한 구원 - 예수그리스도의 십자가와 부활

"예수께서 신 포도주를 받으신 후 가라사대 (   ) 하시고 머리
를 숙이시고 영혼이 돌아가시니라"(요한복음 19:30)

인간의 구원을 위해서 하나님은 모든 것을 완전히 이루셨습니
다. 더 이상 인간이 구원을 위하여 할 일은 없습니다. 예수님이
인간을 대신하여 십자가에 죽으시고 부활하심으로 구원을 이루
셨기 때문입니다.

이제 인간의 선택만 남았습니다. 그것을 나를 향한 하나님의 사

랑으로 받아들이느냐 아니면 거부하느냐만 남았습니다. 예수님의 십자가 사건이 나를 향한 하나님의 구원의 선물이라고 믿으면 그것을 받아들이고 그렇지 않으면 거부할 것입니다. 인류가 에덴동산에서 선악과를 먹을 수도 있었고 먹지 않을 수도 있었던 자유의지를 가졌던 것처럼 오늘 예수님을 나의 구원자로 받아들이느냐 그렇지 않느냐도 나의 자유로운 선택에 달려 있습니다. 물론 선택에 따른 결과는 자신이 져야 합니다. 더 이상 하나님을 탓할 수 없습니다.

믿음은 강요가 아닙니다. 강요해서 믿어질 것이 아닙니다. 자발적인 마음의 결단과 순종이 일어나지 않으면 십자가의 사건은 더 이상 나와 아무 상관이 없습니다.

예수 그리스도를 영접함 – 인간의 책임

"너희가 그 은혜를 인하여 (   )으로 말미암아 구원을 얻었나니 이것이 너희에게서 난 것이 아니요 하나님의 (   )이라"(에베소서 2:8)

"(   )하는 자 곧 그 이름을 (   )는 자들에게는 하나님의 (   )가 되는 권세를 주셨으니"(요한복음 1:12)

아무리 좋은 선물이라도 그것을 받지 않으면 아무 소용이 없습니다. 예수님이 나를 위해 실제로 죽으셨다고 해도 그것을 받아들이지 않으면 나와 아무 상관없는 일입니다. 하나님이 친히 인간이 되셔서 엄청난 고통을 받으시고 인류를 대신하여 죽었다 해도 그것을 믿지 않으면 나와는 관계 없는 일일 뿐입니다.

하나님이 주신 구원의 선물을 이제 마음으로 받아들이겠습니까, 아직 더 생각을 해 보겠습니까? 아직 마음에 의심이 생깁니까, 아니면 그대로 믿고 순종하겠습니까?

이 결단은 본인이 스스로 해야 합니다. 좋은 결정을 하시길 기도합니다.

십자가에서 죽으신 예수님을 하나님으로 믿고 나의 마음속에 받아들이며 나의 주인으로 삼으면 하나님의 자녀가 되는 특권을 얻게 됩니다. 물론 영원히 하나님과 함께 사는 영생의 복을 함께 얻게 됩니다.

주님을 영접하는 방법 – 말씀과 마음과 입

말씀으로

"살리는 것은 (   )이니 육은 무익하니라 내가 너희에게 이른 (   ) 이 (   )이요 생명이라"(요한복음 6:63)

"너희가 (   )난 것이 썩어질 씨로 된 것이 아니요 썩지 아니할 씨로 된 것이니 하나님의 살아 있고 항상 있는 (   )으로 되었느니라"(베드로전서 1:23)

예수님의 십자가 사건은 성경에 기록되어 있습니다. 우리가 눈으로 보지 않았어도 말씀을 통해 확인하였습니다. 예수님을 믿으면 구원을 받는다는 사실은 지금까지 여러 말씀의 기록으로 확인했습니다. 하나님이 하신 말씀(성경)은 글자나 인간의 말이 아닌 영이요 생명입니다. 우리가 거듭나고 구원을 받는 것은 이런 말씀을 통해서입니다. 2000년 전에 일어난 십자가 사건을 내가 받아들이면 구원이란 선물이 즉시 주어집니다.

03

─마음으로

"사람이 ( )으로 믿어 ( )에 이르고 입으로 시인하여 구원에
이르느니라"(로마서 10:10)

마음은 보이지 않는 영입니다. 누구든지 마음으로 말씀을 받아
들이면 구원에 이르게 됩니다. 내가 말씀을 듣고 마음에 받아들
이기로 작정했다는 것은 이미 마음 안에 있는 영이 살아난다는
것을 의미합니다. 이런 일은 아무에게나 주어지지 않습니다. 마
음의 교만함과 강퍅함으로 인하여 이것을 사실로 받아들이지 않
는 사람이 많습니다. 말씀의 순종은 나의 생각과 행위, 경험을 포
기할 때 가능한 일입니다. 하나님의 은혜가 임할 때 일어날 수 있
는 일입니다. 지금도 쉽고도 간단한 이 일이 일어나지 않기에 구
원에 이르지 못하는 사람이 얼마나 많습니까?

─입으로

"네가 만일 네 ( )으로 예수를 주로 ( )하며 또 하나님께서
그를 죽은 자 가운데서 살리신 것을 네 마음에 믿으면 구원을
얻으리니 사람이 마음으로 믿어 의에 이르고 ( )으로 시인하
여 ( )에 이르느니라"(로마서 10:9-10)

내가 이 시간 마음으로 믿어 예수님을 나의 주인으로 진실되게
모셔 들였으면 이제 그 사실을 입으로 고백할 수 있어야 합니다.
마음으로 믿는 것을 보이는 입으로 고백함으로 그것이 진실하다
는 것을 스스로 증명해야 합니다. 많은 사람들 앞에서 "나는 예

수님을 마음에 영접했습니다"라고 입으로 시인하고 고백했다면 그 사람은 구원을 받은 것입니다. 다음의 내용을 따라서 해보십시오.

"사랑의 주님

저는 이제까지 하나님을 모르고 제 뜻대로 살아왔음을 인정합니다. 저는 생각과 말과 행동으로 죄를 지었습니다. 이제 이러한 죄를 뉘우치며 죄에서 돌이킵니다.

주님이 저의 죄를 대신하여 십자가에 못 박혀 죽으시고 다시 부활하신 사실을 말씀을 통하여 믿습니다. 이제 저의 마음의 문을 엽니다. 지금 저의 마음속에 들어오셔서 나의 주인이 되어 나를 이제부터 영원까지 다스려 주옵소서. 평생 주님을 주인으로 섬기며 주님이 주시는 힘으로 살아가겠습니다. 예수님의 이름으로 기도드립니다.

—아멘(동의합니다)

—머리로(지)

예수님이 하나님이시고 나의 죄를 용서하시기 위해 십자가에서 죽으시고 부활하신 역사적 사실을 말씀을 통해 이해합니다.

—마음으로(정)

예수님의 십자가 죽음이 나를 죄에서 해방시켜 주고 영원히 사는 생명을 주신 것을 믿습니다. 그 주님을 이제부터 나의 주인으로 마음에 진심으로 영접합니다.

—입(행동과 의지로)으로(의)

이와 같은 사실을 모든 사람 앞에서 입으로 시인하면서 행

03

동으로 결단하며 마음을 실제로 보여줍니다.(초대교인들은 입으로 주님을 구원자라고 시인하다가 핍박과 순교를 당하는 등 어려움을 겪었습니다. 입으로 시인하는 것은 곧 나의 삶의 방향을 틀어 주님에게로 전환하는 것이며 고난을 각오하면서 주님을 섬기겠다는 의지입니다.)

*여기서 주님을 영접했다는 것은 전인적으로 영접했다는 것을 의미합니다.

내안에 계신 주님

"또 그리스도께서 너희 ( )에 계시면 (   )은 죄로 인하여 죽은 것이나 (   )은 의를 인하여 산 것이니라 예수를 죽은 자 가운데서 살리신 이의 (   )이 너희 안에 거하시면 그리스도 예수를 죽은 자 가운데서 살리신 이가 너희 (   )에 거하시는 그의 영으로 말미암아 너희 죽을 (   )도 살리시리라"(로마서 8:10-11)

"볼지어다 내가 문밖에 서서 두드리노니 누구든지 내 음성을 (   )고 문을 ( )면 내가 그에게로 (   )가 그로 더불어 먹고 그는 나로 더불어 먹으리라" (요한계시록 3:20)

내가 말씀을 마음으로 믿고 입으로 시인했다면 이제 나의 마음에는 영으로 예수님이 들어와 계십니다. 말씀은 영이시기에 그 말씀을 받아들이면 그리스도의 영이 내 안에 거하게 된 것입니다. 눈에 보이지 않지만 이제 주님이 나의 마음속에 들어와 계십니다. 한번 들어오신 그분은 영원히 나와 함께하시고 나를 떠나지 않습니다. 이제 주님의 영으로 인하여 나의 영도 살아나게 되었습니다. 결국은 내 안에 있는 그리스도의 영으로 인하여 나의 죽을 몸도 영원히 살게 되었습니다. 나중에 부활을 통하여 완전한 구원을 받게 될 것입니다. 우리는 이것을 구원 받았다고 말합니다. 주님을 영접한 당신은 이제 죽어도 영원히 살게 될 것입니다. 주님을 영접하신 것을 진심으로 축하합니다.

"너희는 다시 무서워하는 종의 영을 받지 아니하였고 (   )의 영을 받았으므로 아바 (   )라 부르짖느니라"(로마서 8:15)

이제 새로운 인생이 시작되었습니다. 새로운 영(성령)을 받았으니 이제 내 안에 있는 주님과 영으로 대화해보십시오. 이것을 '기도' 라고 말합니다. 주님의 자녀가 된 우리는 이제 주님을 '아바 아버지' 라 부르면서 친근하게 대화하는 사이가 되었습니다.

영접의 때 – 언제 믿어야 되는가?(아직 믿음을 결정하지 못한 경우)

"너는 내일 일을 (   )하지 말라 하루 동안에 무슨 일이 날는지 네가 (   ) 수 없음이니라"(잠언 27:1)

"내일 일을 너희가 (   )지 못하는도다 너희 생명이 무엇이뇨 너희는 잠간 보이다 없어지는 안개니라"(야고보서 4:14)

너희는 (   )을 의지하지 말라 그의 호흡은 코에 있나니 수에

03

칠 가치가 어디 있느뇨(이사야 2:22)

여러 가지 이유로 아직 마음의 결정을 내리지 못하셨습니까? 물론 쉽지 않을 것입니다. 오랫동안 자신의 생각대로 살아온 삶의 방식을 하루 아침에 바꾼다는 것은 쉽지 않습니다. 미심쩍기도 하고요. 더 생각해 보고 결정하겠습니까, 아니면 아직 마음에 확신이 없습니까?

다시 한번 앞의 내용들을 살펴보시고 의문 나는 내용은 인도자에게 질문해도 좋습니다. 그러나 분명한 것은 인간은 언제 어떤 일이 일어날지 아무도 모른다는 것입니다. 어쩌면 오늘이 마지막 기회가 될 수도 있기 때문입니다.

"보라 (   )은 은혜 받을 만한 때요 보라 지금은 (   )의 날이로라"(고린도후서 6:2)

자, 지금 영접하시겠습니까? 지금 영접하면 우리는 마귀의 종에서 하나님의 자녀로 신분이 바뀌게 됩니다. 그리고 하나님의 자녀로서 하나님에게 있는 모든 복을 다 상속받게 됩니다.

감사합니다. 하나님의 자녀가 됨을 축하드립니다. 주님의 영원한 복을 받는 축복된 자녀가 되기를 바랍니다.

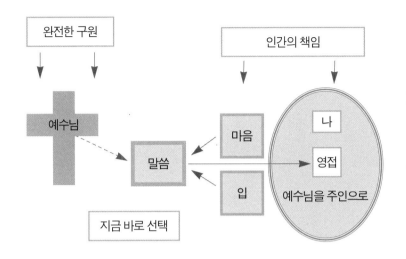

삶의 적용

1. 오늘 말씀을 통해 깨달은 교훈은 무엇입니까?

_____

_____

2. 주님을 영접한 일에 대한 나의 소감을 말해 보십시오.

_____

_____

4 복음생활

행복한 삶,
이제
시작되었다!

04 복음생활

행복한 삶, 이제 시작되었다!

마음열기

• 다음 질문에 답하면서 인생의 행복을 함께 생각해 보십시오.

1. 행복이란 무엇인지 정의해 보십시오.

_____

2. 행복의 시작점과 종착점은 어디라고 생각합니까?

_____

3. 나는 오늘 얼마나 행복한 사람으로 살고 있습니까? 만약 내가 행복하다면 그 행복을 주는 것은 무엇입니까?

_____

말씀생각

1. 예수님을 영접한 자가 받는 특권 – 구원을 즐기는 삶

죄와 사망에서 해방

예수님을 영접한 자는 이제 더 이상 죄인이 아닙니다. 예수 그리스도께서 이미 죄의 빚을 다 갚으셨기 때문입니다. 그러므로 더 이상 죄의 노예로 고통당할 필요 없는 자유인이 되었습니다. 예수 믿은 이후의 나의 생활(설사 또 죄를 짓는다 해도)과는 상관없이 이미 나는 사망에서 생명으로 옮겨진 상태입니다. 이제부터 죄를 짓는 것은 죽음이 아닌 생명의 상태에서 죄를 짓는 것입니다.

> "그리스도 예수 안에 있는 생명의 성령의 법이 죄와 (   )의 법에서 너를 (   )하였음이라"(로마서 8:2)

> "내 말을 듣고 또 나 보내신 이를 믿는 자는 (   )을 얻었고 심판에 이르지 아니하나니 사망에서 (   )으로 옮겼느니라"(요한복음 5:24)

신분의 변화

예수 그리스도를 주로 영접한 자는 더 이상 마귀의 종이 아니고 하나님의 자녀입니다. 영원히 하나님과 함께 사는 하나님의 자녀입니다. 이제는 하나님과의 관계가 아버지와 아들처럼 친밀한 관계로 바뀌었습니다.

> "영접하는 자 곧 그 이름을 믿는 자들에게는 하나님의 (   )가

되는 권세를 주셨으니"(요한복음 1:12)

기도의 특권

예수를 주로 영접한 하나님의 자녀는 예수의 이름으로 기도할
수 있는 권한이 있습니다. 아버지와 자녀의 관계가 된 것이기에
언제든지 어려움이 있으면 구할 수 있는 사이가 되었습니다. 이
제 예수 이름으로 내가 기도한 것은 주님께서 꼭 들어주십니다.
아버지가 아들의 기도를 들어주는 것은 당연합니다.

"내가 진실로 진실로 너희에게 이르노니 너희가 (   )이든지
아버지께 구하는 것을 내 (   )으로 주시리라 지금까지는 너희
가 내 이름으로 아무것도 구하지 아니하였으나 (   ) 그리하면
(   )리니 너희 기쁨이 충만하리라"(요한복음 16:23-24)

"너희 중에 누구든지 (   )가 부족하거든 모든 사람에게 후히
주시고 꾸짖지 아니하시는 하나님께 (   )하라 그리하면 주시
리라"(야고보서 1:5)

하나님이 영원히 함께 하심

예수를 주로 영접한 하나님의 자녀에게는 성령께서 내주하시고
어디든지 함께 하십니다. 이 세상뿐만 아니라 죽음 이후까지 영
원히 함께하십니다. 한번 맺은 하나님과의 관계는 영원히 유효
합니다. 하나님과 나 사이는 누구도 깨뜨릴 수 없는 확실한 관계
입니다. 심지어 사단까지도 갈라서게 할 수 없습니다. 우리의 생
명은 이제 영원토록 안전이 보장되었습니다.

"내가 세상 끝날까지 너희와 항상 (　　) 있으리라"(마태복음 28:20)

"또 증거는 이것이니 하나님이 우리에게 (　　)을 주신 것과 이 생명이 그의 아들 안에 있는 그것이니라 아들이 있는 자에게는 (　　)이 있고 하나님의 아들이 없는 자에게는 생명이 없느니라" (요한일서 5:11-12)

"내가 저희에게 (　　)을 주노니 (　　) 멸망치 아니할 터이요 또 저희를 내손에서 (　　) 수 없느니라"(요한복음 10:28)

자백함으로 죄를 해결
"만일 우리가 우리 죄를 (　　)하면 저는 미쁘시고 의로우사 우리 죄를 (　　)하시며 모든 불의에서 우리를 (　　)케 하실 것이요"(요한일서 1:9)

한 가지 의문되는 것은 예수를 영접해도 우리의 육신은 여전히 죄 가운데 거하기에 여전히 죄를 짓고 살아간다는 것입니다. 마음은 하나님을 향해 있지만 육신이 연약해서 세상에 속하게 됨으로 죄를 범하게 됩니다. 이런 경우는 어떻게 해야 합니까?

하나님은 이런 인간의 연약함을 아시고 그것을 해결할 수 있는 방법을 우리에게 주셨습니다. 그것은 즉시 아버지 되신 하나님께 나의 죄를 자백하는 것입니다. 그러면 우리 죄를 용서해 주십니다. 마치 아버지가 아들이 지은 죄를 책망하기보다는 용서를 구하지 않은 것에 화가 나는 것과 마찬가지입니다.

물론 진심으로 용서를 구해야겠지요. 마음을 아시는 주님이시니까요. 이것은 아무에게나 주어지는 것이 아닌 주님을 영접한 사람에게만 주어지는 특권입니다. 이런 과정을 통하여 우리는 점차 죄에서 멀어지게 됩니다.

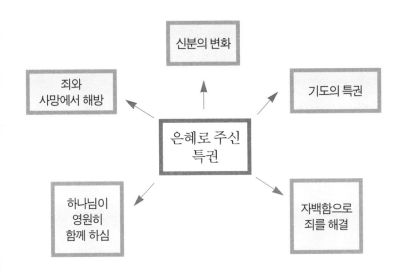

2. 구원받은 자가 해야 할 책임 – 구원을 이루는 삶

"우리가 다 하나님의 (   )을 믿는 것과 (   )는 일에 하나가 되어 (   ) 사람을 이루어 그리스도의 (   ) 분량이 충만한 데까지 이르리니 이는 우리가 이제부터 (   )가 되지 아니하여 사람의 궤술과 간사한 유혹에 빠져 모든 교훈의 풍조에 밀려 요동치 않게 하려 함이라 오직 사랑 안에서 참된 것을 하여 범사에 그에게까지 (   )지라 그는 머리니 곧 그리스도라"(에베소서 4:13-15)

하나님의 자녀가 되었다는 것은 놀라운 특권입니다. 하나님의 자녀가 된다는 것은 이제부터 하나님의 자녀다운 삶을 산다는 것을 의미합니다. 특권에는 책임과 의무가 따릅니다. 하나님에게 있는 모든 것을 은혜로 거저 주셨습니다. 이런 선물을 받은 우리들은 감사함으로 책임을 감당해야 합니다. 그 책임은 바로 점차 자라가고 성장하는 것입니다.

어린아이에서 벗어나 그리스도를 닮은 장성한 분량으로 자라가야 합니다. 그렇게 할 때 우리는 하나님께 영광을 돌릴 수 있습니다. 성숙한 그리스도인이 되는 것이 구원 받은 이후에 해야 할 우리들의 책임입니다. 즉 "구원을 이루는 삶"을 살아야 합니다. 구원 받은 사람은 자기 안에 구원이 자라가고 그것이 자기를 주도하도록 해야 합니다. 주님이 나를 주장하도록 해야 합니다.

그렇게 하면 내가 구원을 드러냄으로 나를 통하여 사람들이 주님을 보게 될 것입니다.

하나님의 자녀로서 성장하기 위해서는 어떻게 해야 할까요? 이것을 이루기 위해서는 다음 세 가지 관계를 잘 이루어야 합니다. 물론 하루아침에 되는 것이 아닙니다. 지속적으로 교제를 가지고 성장하면서 구원을 이루어가도록 해야 합니다. 어쩌다 교제하면 믿음이 자라지 않습니다. 정기적으로 시간을 정하여 매일 조금씩이라도 계속 하는 것이 중요합니다. 매일 밥을 세 번 먹듯이 생활화하면 좋습니다. 그리스도인이 종종 비난 받는 것은 이런 삶을 살지 않기 때문입니다. 믿음이 자라지 않고 어린아이 상태의 미성숙한 모습을 보이기 때문입니다. 이것은 선택사항이 아니고 구원 받은 자라면 누구든지 해야 하는 의무요 마땅한 책임입니다.

04

하나님과 관계

예수님을 주로 영접한 자는 하나님의 자녀가 되었습니다. 원래 창조된 목적대로 이제는 하나님을 의존하며 하나님과 교제해야 합니다. 하나님과의 교제 방법은 크게 두 가지입니다. 그리스도 인은 말씀과 기도를 통해서 하나님과의 관계를 돈독히 할 수 있습니다. 가능하면 매일 생활화하면 좋겠습니다. 콩나물에 물을 주듯이, 이슬에 젖듯이 매일 조금씩이라도 가까이 하다 보면 어느새 나의 믿음이 자랐음을 경험할 것입니다.

하나님과의 관계는 개인적인 관계입니다. 가능한 은밀하게 해야 하고 다른 사람에게 보이거나 자랑하기 위해서 하면 안됩니다. 하나님과 나의 관계가 얼마나 잘 되느냐에 따라 교회와 세상의 관계도 결정됩니다. 그런 의미에서 이 부분은 매우 중요합니다.

—성경을 읽는 생활을 하십시오

"사람이 (   )으로만 살 것이 아니요 하나님의 입으로 나오는 모든 (   )으로 살 것이라"(마태복음 4:4)

"오직 이것을 기록함은 너희로 예수께서 하나님의 아들 그리스 도이심을 (   ) 하려 함이요 또 너희로 믿고 그 이름을 힘입어 (   )을 얻게 하려 함이니라"(요한복음 20:31)

"갓난 아이들 같이 순전하고 신령한 (   )을 사모하라 이는 이로 말미암아 너희로 (   )에 이르도록 자라게 하려 함이라"(베드로전서 2:2)

우리가 하나님을 알기 위해서는 가장 먼저 성경을 읽어야 합니다. 성경은 하나님의 마음과 생각과 모든 것이 담겨 있는 하나님이 우리에게 내려주신 책입니다. 성경을 가까이하는 것은 하나님을 아는 가장 확실한 방법입니다. 내 안에 주님을 영접했으면 이제부터 주님이 누구인지 구체적으로 알아야 합니다. 하나님을 공부하려면 가장 먼저 성경을 읽어야 합니다. 그동안 내가 이해했던 하나님에 대한 생각을 성경을 읽으면서 하나씩 새롭게 바꾸는 일은 흥미롭습니다. 이런 일을 통하여 나의 생각과 마음이 점차 변화될 것입니다.

나의 신앙이 자라고 성장한다는 것은 곧 하나님을 알아가는 정도가 깊어진다는 것을 뜻합니다. 하나님에 대한 잘못된 이해는 평생 나의 고정관념으로 남을 수 있기에 성경을 통해서 직접 확인하고 배우는 것이 절대적으로 필요합니다. 그동안 하나님에 대해서 의문이 나며 확신이 없던 것들이 성경을 통해서 점차 분명해지게 될 것입니다.

─기도하는 생활을 하십시오

"우리가 긍휼하심을 받고 때를 따라 돕는 (   )를 얻기 위하여 은혜의 (   ) 앞에 담대히 나아갈 것이니라"(히브리서 4:16)

"(   )를 항상 힘쓰고 (   )에 감사함으로 깨어 있으라"(골로새서 4:2)

"(   ) 그러면 너희에게 주실 것이요 (   ) 그러면 찾을 것이요 문을 두드리라 그러면 너희에게 열릴 것이니

(   )하는 이마다 얻을 것이요 (   )이가 찾을 것이요 두드리는 이에게 열릴 것이니라 너희 중에 누가 아들이 (   )을 달라

75

04

하면 돌을 주며 생선을 달라 하면 뱀을 줄 사람이 있겠느냐 너희가 악한 자라도 좋은 것으로 자식에게 줄줄 알거든 하물며 하늘에 계신 너희 아버지께서 (   )하는 자에게 좋은 것으로 주시지 않겠느냐"(마태복음 7:7-11)

기도는 내가 하나님 앞으로 나아가는 것입니다. 기도한다 함은 나의 문제들을 안고 하나님 앞으로 나아가는 것을 의미합니다. 나의 부족함을 알고 하나님의 은혜를 구하는 것이 기도입니다. 신앙생활을 하다 보면 많은 어려움이 닥칩니다. 그때마다 그리스도인들은 사람보다 하나님에게 나아가야 합니다. 왜냐하면 사람들은 해결해 줄 수 없지만 하나님은 문제를 해결해 주시기 때문입니다. 늘 기도에 힘쓰고 기도를 통하여 하나님의 뜻을 발견하면서 깨어 있는 생활을 하면 하나님으로부터 힘을 얻을 수 있습니다.

우리의 아버지 되신 분이 구하는 자녀에게 좋은 것을 주시는 것은 너무나 당연합니다. 하나님은 우리에게 구하라고 말씀하셨는데, 그 의미는 내가 원하는 것을 구하는 것이 아니라 하나님의 뜻대로 구하는 것임을 알아야 합니다. 그러므로 이제부터 무조건 내가 원하는 것을 구하기보다는 나의 생각과 다른 하나님의 뜻을 분별하고 그것을 가르쳐 달라는 기도를 먼저 해야 함을 잊지 마십시오. 이것이 기도훈련 중에 가장 중요한 것입니다. 이것을 위해서는 먼저 성경을 읽고 성경의 말씀에 근거하여 기도하는 훈련이 필요합니다.

교회와 관계

"너희는 그리스도의 (   )이요 지체의 각 부분이라"(고린도

전서 12:27)

그리스도인이 되었다는 것은 하나님과 내가 하나되는 것이 아닌, 그 순간 주님을 믿는 모든 그리스도인들과 하나된 것을 의미합니다. 즉 그리스도의 몸이 된 것입니다. 그리스도는 머리이시고 그리스도인들은 몸의 지체입니다. 우리 모두는 한몸 공동체를 이루고 살아갑니다.

내가 어떤 사람을 나의 양아버지로 삼았다면 그 아버지뿐만 아니라 이제 그 아버지와 함께하는 가족이 나의 가족이 되는 것입니다. 마찬가지로 그리스도인이 된 순간 주님을 믿는 세계 모든 그리스도인과 한 형제가 된 것입니다. 그리스도인은 당연히 다른 하나님의 자녀들과 함께해야 합니다. 그것이 그리스도인의 의무입니다. 그런 믿음의 사람들이 모인 것을 교회라고 말합니다. 교회는 건물이 아닌 사람들이 모인 믿음의 공동체입니다.

"저희가 사도의 (   )을 받아 서로 (   )하며 떡을 떼며 기도하기를 전혀 힘쓰니라……날마다 마음을 같이 하여 성전에 (   )를 힘쓰고 집에서 떡을 떼며 기쁨과 순전한 마음으로 음식을 먹고 하나님을 (   )하며 또 온 백성에게 칭송을 받으니 주께서 구원받는 사람을 날마다 더하게 하시니라"(사도행전 2:42, 46-47)

그리스도인 된 사람은 가까운 지역에 있는 믿음의 공동체인 교회에 출석하며 그들과 교제를 가져야 합니다. 이것은 선택사항이 아닌 모든 그리스도인이 당연히 해야 할 의무입니다. 그들과 함께하는 것을 상징적으로 보여주는 의식이 세례를 받는 일입니다. 교회의 예배나 모임에 참석하여 서로 교제하고 한 하나님을

04

섬기는 것은 아름다운 일입니다. 그런 일을 통하여 우리의 믿음이 자라가게 됩니다. 교회를 통하여 우리는 믿음이 자라가고 아울러 하나님의 자녀인 것을 더욱 확신하게 될 것입니다. 교회 속에서 이루어지는 다섯 가지 기능은 예배, 교육, 교제, 봉사, 선교입니다. 우리는 교회를 통하여 이런 일에 참여하게 됩니다.

세상과 관계

"너희는 세상의 (   )이니 소금이 만일 그 (   )을 잃으면 무엇으로 짜게 하리요 후에는 아무 쓸데 없어 다만 밖에 버리워 사람에게 밟힐 뿐이니라 너희는 세상의 (   )이라 산 위에 있는 동네가 숨기우지 못할 것이요 사람이 등불을 켜서 말 아래 두지 아니하고 등경 위에 두나니 이러므로 집안 모든 사람에게 비취느니라 이같이 너희 (   )을 사람 앞에 비취게 하여 저희로 너희 (   ) 행실을 보고 하늘에 계신 너희 아버지께 (   )을 돌리게 하라"(마태복음 5:13-16)

"나를 따라 오너라 내가 너희로 사람을 낚는 (   )가 되게 하리라"(마태복음 4:19)

믿음을 가진 사람은 이제 자신을 넘어 세상 사람들에게 관심을 가져야 합니다. 세상에는 궁핍한 자와 소외된 자가 많습니다. 이들에게 그리스도의 사랑을 전하고 섬기는 일을 해야 합니다. 또 복음을 받은 그리스도인은 아직 그리스도를 알지 못하는 사람들에게 복음을 전해야 할 책임이 있습니다.

우리나라도 70% 가까운 사람들이 복음을 알지 못합니다. 이들에게 복음을 전하는 일은 먼저 믿은 사람들의 사명입니다. 목회자나 선교사뿐만 아니라 모든 그리스도인이 해야 할 일입니다. 그들에게 그리스도를 전하기 위해서는 먼저 복음을 전하는 사람들의 삶이 주님을 닮아야 합니다. 그럴 때 세상 사람들에게 영향력을 끼칠 수 있습니다. 믿음을 가진다는 것은 세상을 등지거나 떠나는 것이 아니라 세상 속으로 들어가서 빛과 소금의 역할을 해야 하는 것을 의미합니다. 모든 그리스도인에게는 세상에 적극적으로 들어가 세상을 변화시키는 부름과 사명이 있습니다.

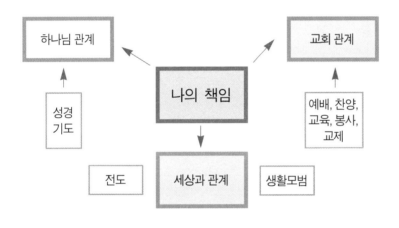

삶의 적용

1. 오늘 말씀을 통해 깨달은 교훈은 무엇입니까?

_____

2. 내가 행복한 이유에 대해서 말해 보십시오. 만약 행복하지 못하다면 그 이유는 무엇입니까?

_____

개 인 점 검 표

과	일자	과제(기도, 성경읽기)	기도제목	출석유무	점검
1					
2					
3					
4					
5					
6					
7					
8					
9					
10					
11					
12					

• 과제/ 상. 중. 하

지 체 원   돌 봄 표

(   ) 지체   이름:

번호	이름	전화	주소	1	2	3	4	5	6	7	8	9	10	11	12
지체장															
1															
2															
4															
5															
6															
7															
8															
9															
10															
11															
12															

• 지체원의 이름을 적어 서로의 출석을 체크하고 점검하면서 격려하고 보살핍니다. 지체원이기에 서로 관심을 가져야 합니다. 이런 돌봄을 통해 그리스도의 몸된 유기체적인 관계를 경험하며 그리스도의 몸을 세우게 됩니다. (전화, 방문, 편지, 배운 것 전해주기, 대화 등으로 한주간 동안에 한 번 이상씩 지체원늘과 유기적인 교제를 합니다.)

중 보 기 도   일 지

이름:

번호	기도요청자	월일	기도내용	기도응답내용	응답일
1					
2					
3					
4					
5					
6					
7					
8					
9					
10					
11					
12					
13					
14					
15					

복음 요약

(지금까지 배운 내용을 가지고 복음을 전하는 입장에서 복음내용을 간단히 요약해보십시오)

저자 이대희 목사

장로회 신학대학교 신학대학원(M.Div)과 연세대학교 연합신학대학원(Th.M)을 졸업하고 현재 에스라 성경대학원대학교 성경학박사(D.Litt) 과정 중이다.

예장총회교육자원부 연구원과 서울장신대학교 신학과 교수를 역임하고 서울 극동방송에서 "알기쉬운 성경공부" "기독교 이해" 등 프로그램을 진행했다. 지난 20여 년 동안 성서사랑 · 성서한국 · 성서교회 · 성서나라의 모토를 가지고 한국적 성경교육과 실천사역을 위해 집필과 세미나와 강의사역을 하고 있다. 현재 바이블미션(www.bible91.org) 대표, 꿈을주는교회 담임목사, 독수리기독중고등학교 성경교사, 강남성서신학원 외래교수, 서울장신대 겸임교수로 사역 중이다.

저서로 《30분 성경공부시리즈》《투데이 성경공부시리즈》《아름다운 십대 성경공부시리즈》《이야기대화식성경연구》《성경통독을 위한 11가지 리딩포인트》《심방설교 이렇게 준비하라》《예수님은 어떻게 교육했을까?》《1% 가능성을 성공으로 바꾼 사람들》《자녀를 거인으로 우뚝 세우는 침상기도》《하룻밤에 배우는 쉬운 기도》《하나님 이것이 궁금해요》《크리스천이 꼭 알아야 할 100문 100답》 등 100여 권이 있다.

복음소개

엔 크 리 스 토 제 자 양 육 성 경 공 부 1 - 전 도 과 정

초판 1쇄 인쇄일 | 2008년 9월 20일
초판 2쇄 발행일 | 2011년 4월 11일

지은이 | 이대희
펴낸이 | 김학룡
펴낸곳 | 엔크리스토
마케팅 | 김민회, 이동석
관리부 | 임월규, 최경진, 이진규, 김선하, 신동열

출판등록 | 2004년 12월 8일
주   소 | 경기도 고양시 일산동구 장항동 585-2
전   화 | (031) 906-9191
팩   스 | (031) 906-9195
이 메 일 | 9191@korea.com
공 급 처 | 기독교출판유통 (031) 906-9191 팩스(031) 906-9195

ISBN 978-89-92027-53-3 04230

값 3,000원

엔크리스토 성경 공부 양육 과정

투데이 성경공부

평생 성경공부할 수 있도록 구성한 시리즈. 주제별로 구성되어 있어 각 교회의 상황에 맞게 커리큘럼을 재구성하여 사용할 수 있다.

101 신앙기초(전 9권 완간) | 201 예수제자(전 9권 완간) | 301 새생활(전 12권 완간)
601 성경개관(전 10권 완간) | 401 · 501 · 701 발간 예정

30분 성경공부

신앙생활의 기초를 다루었으며 신앙의 전체 그림을 그릴 수 있는
2년 과정의 소그룹 성경교재다. 성경공부를 시작할 때 사용하면 효과적이다.

믿음편 | 기초 · 성숙   생활편 | 개인 · 영성 · 교회 · 가정 · 이웃 · 일터 · 사회 · 세계
성경탐구편 | 창조시대 · 족장시대 · 출애굽시대 · 광야시대 · 정복시대/사사시대 · 통일왕국시대 ·
분열왕국시대 · 포로시대/포로귀환시대 · 복음서시대1 · 복음서시대2 · 초대교회시대 · 서신서시대

아름다운 십대 성경공부

십대들이 꼭 알아야 할 성경의 핵심내용과 기독교적 가치관, 세계관을 정립하는 데 필요한 핵심주제를 담고 있으며, 3년 과정으로 구성되었다.

101 자기정체성 · 복음 만남 · 신앙생활 · 멋진 사춘기 · 예수의 사람(전 5권)
201 가치관 · 믿음뼈대 · 십대생활 · 유혹탈출 · 하나님의 사랑(전 5권)
301 비전과 진로 · 신앙원리 · 생활열매 · 인생수업 · 성령의 사람(전 5권)

책별 성경공부

성경 전체 66권을 각 권별로 자유롭게 선택하여 사용할 수 있는 성경공부.
성경 전체를 체계적으로 연구할 수 있다.

창세기 1 · 2 · 3 · 4, 느헤미야, 요한복음 1 · 2, 로마서, 에스더, 다니엘, 사도행전 1 · 2 · 3
(계속 발간됩니다)

∗지도자를 위한 지침서

• 이야기대화식 성경연구 | 이대희 지음 | 10,000원

• 인도자 지침서(십대 성경공부 101시리즈) | 이대희 지음 | 10,000원
• 인도자 지침서(십대 성경공부 201시리즈) | 이대희 지음 | 10,000원
• 인도자 지침서(십대 성경공부 301시리즈) | 이대희 지음 | 10,000원
• 인도자 지침서(30분 성경공부 믿음편 기초, 싱숙 | 생활편 개인, 교회)
  | 이대희 지음 | 10,000원

엔크리스토 성경대학을 소개합니다!

특 징

성경 66권을 쉽고 재미있게, 깊이 있게 배우면서 한국적 토양에 맞는 현장과 삶에 적용하는 한국적 성경전문학교

모집과정(반별로 2시간씩이며 선택 수강 가능)

- 성경주제반: 성경의 중요한 핵심 주제를 소그룹의 토의와 질문을 통하여 배운다.(투데이성경공부/30분성경공부)
- 성경개관반: 66권의 성경 전체의 맥과 흐름을 일관성 있게 잡아준다.(잘 정리된 그림과 도표와 본문 사용)
- 성경책별반: 66권의 책을 구약과 신약 한 권씩 선정하여 워크숍 중심으로 학기마다 연구한다.(3년 과정)

모집대상

목회자반/ 신학생반/ 평신도반(교사, 부모, 소그룹 양육리더, 구역장, 중직)

시 간

월요일(오전 10시 30분~오후 5시 30분/ 개관반 · 책별반 · 주제반)

수업학제

겨울학기 : 12~2월 | 봄학기 : 3~6월 | 여름학기 : 7~8월 | 가을학기 9~11월
(자세한 내용은 홈페이지 참조 요망. 학기마다 사정에 따라 일자가 변경될 수 있음)

수업의 특징

- 이야기대화식 성경연구방법으로 12주(3개월 과정) 진행
- 전달이나 주입식이 아닌 성경 보는 눈을 열어주고 경험하게 하면서 성경의 보화를 스스로 캐는 능력을 터득하게 하는 방법을 지향하며 소그룹 워크숍 형태로 진행

강사 : 이대희 목사와 현직 성서학 교수와 현장 성경전문 강사

장소 : 바이블미션
　　　서울시 송파구 가락동 96-5(지하철 8호선 가락시장역)

신청 : 개강 1주일 전까지 선착순 접수(담당 : 채금령 연구간사)

문의 : 바이블미션–엔크리스토 성경대학(016-731-9078, 02-403-0196)
　　　(홈페이지 www.bible91.org)